KB253666

4년 먼저

4년 먼저

이윤우 지음

살림

학력인플레와 청년실업, 교육강국 대한민국의 현주소

현재 우리 사회를 사로잡고 있는 가장 중요한 이슈 중 하나는 복지다. 무상급식, 반값 등록금, 의료민영화문제 등 사회적인 논쟁 대부분이 복지와 관련되어 있다. 왜 이런 이슈들이 새삼스럽게 문제가 되고 있는 것일까. 근본적으로는 지난 수십 년간 우리 사회를 지탱해오던 지속적인 고속성장의 전망이 사라졌기 때문이다. 당장 일자리가 줄고 물가가 오르는 경제현실 앞에서 그래도 앞으로는 좀 나을지 모른다는 희망을 품기가 쉽지 않게 되었다. 성장둔화, 더 나아가 경제침체의 직격탄을 몸으로 받고 있는 서민층은 불안할 수밖에 없다. 그러다 보니 밑바닥으로 떨어지지 않게 해달라고 요구하고 있는 것이다. 그것이 복지문제가 전면적으로 부상한 이유다.

물론 우리 사회가 건강하게 유지되고 지속적으로 발전하기 위해서 '바닥이 보이지 않는 불안함'은 극복되어야 한다. 그러나 그 방식이 재정적자를 무릅쓰고, 세금으로 현 세대의 요구를 들어주는 미봉책이어서는 안 된다. 그렇게 하면 당장의 증상은 달래겠지만 문제는 더 악화된 채 다음 세대로 이어질 것이다. 반값 등록금 이슈가 잘못된 문제제기이며 올바른 해결책이 아닌 이유다. 명의는 병이 나지 않도록 하는 사람이지만 어떤 명의도 이미 걸린 병을 걸리지 않은 것으로 되돌릴 수는 없다. 하지만 그렇다고 증상만을 없애는 돌팔이의 치료에 만족할 수도 없다. 당장 좀 아프더라도 병의 근원을 찾아내어 치료하는 것, 그것이 지금 우리에게 필요하다.

가장 큰 복지는 일자리라는 말이 있다. 생산적 복지의 개념이 바로 여기에 있다. 하지만 이 이야기는 없는 일자리를 만들어서 돈을 벌게 해 줘야 한다는 뜻이 아니다. 일자리란 일하는 사람의 입장에서는 생계수단이지만 일을 주는 쪽에서 보면 인재(인적 자원)에 대한 사회적 수요이기 때문이다. 한쪽에서는 일자리가 부족하다고, 취업이 안 된다고 난리인데 다른 쪽에서는 사람이 없다고 한탄하고 있다면 이것은 교육이, 인재양성시스템이 근본적으로 잘못되어 있다는 뜻이다. 이렇게 필요한 인재를 기르지 못하고 불필요한 인재들을 양성하는 체계에서 교육복지의 확대를 주장한다면 사회적으로 재원이 낭비되는 결과밖에 가져오지 못할 것이다. 대학등록금 인하가 아무런 문제도 해결하지 못하는 건 바로 이 때문이다.

그렇다면 어떻게 인재와 일자리의 문제를 해결해야 할까. 필자는 이

책에서 서울여상이라는 특수한 사례를 통해서 그 해법의 실마리를 제시하려고 한다. 서울여상은 알다시피 80년이 넘는 역사를 가진 상업전문교육기관으로 최근 극심한 취업난 속에서도 실질취업률이 90퍼센트가 넘는 놀라운 성과로 주목을 받아왔다. 심지어 연봉 또한 대학졸업자들 못지않다. 어떻게 이런 일이 가능한 것일까.

필자는 단순히 서울여상의 눈부신 성과가 사관학교식 엘리트교육의 산물이 아니며 우리 사회가 필요로 하는 바로 그 인재양성의 원칙을 완벽하게 구현했기에 가능했다고 생각한다. 바로 '현장이 원하는 실용적 인재의 양성'이다. 필자는 이러한 인재가 누구이며 어떻게 길러낼 수 있는지 충분히 설명하고자 한다. 대학교육을 비롯해 우리나라 교육이 전반적으로 실패한 이유가 바로 핵심인재들을 양성하지 못하는 데 있다고 생각하기 때문이다.

우리 사회는 교육에 대한 근본적인 태도부터 잘못되어 있다. 교육을 개인의 출세 혹은 신분상승이나 유지를 위한 투자로만 생각하는 것이다. 그러다 보니 사교육 과열에 모두가 병들어 학력인플레 현상이 나타나고 있으며, 학력차별과 학벌주의라는 폐단을 벗어나지 못하고 있다. 그러나 이것은 질병이 아니라 증상이다. 교육의 공공성을 회복하고 올바른 시스템을 세우는 것이 근본적인 대책이다. 그리고 그 핵심은 실용적 인재교육에 있다. 어떻게 그것이 가능한지를 알리려는 것이 이 책을 쓰는 이유다.

이 책을 쓰면서 여러 부류의 독자들을 상정했다. 일단은 취업이나 진학이냐를 놓고 진로를 고민하는 학생들이 이 책을 읽었으면 좋겠다. 마찬가지로 자녀의 교육과 미래에 대해 고민과 걱정이 많은 학부모들도 이 책을 읽으시기를 바란다. 이 책을 함께 읽고 반드시 대학에 가야 하는지를 진지하게 다시 생각해본다면 더 바랄 것이 없겠다. 그리고 기업의 CEO들과 인사담당자들이 이 책을 읽었으면 한다. 관행처럼 자리 잡은 학력차별에 대해 돌아보고 고졸과 대졸 사이의 차별이나 승진상의 불이익(유리 천장)을 없애는 작은 기폭제 역할을 할 수 있기를 바란다.

전국의 많은 특성화고등학교에 종사하는 선생님들에게도 도움이 되었으면 한다. 대부분 현장에서 더 깊은 고민을 하겠지만 그들에게 이 책이 서울여상의 모범적인 사례를 좀 더 깊이 이해하고 자신들만의 해법을 찾는 도우미 역할을 할 수 있기를 바란다. 이 책을 통해서 당신들이 우리나라 교육의 진정한 희망을 만들고 있다는 자부심을 느낀다면 필자로서도 큰 기쁨이 될 것이다.

그리고 마지막으로 서울여상을 만들어온 선생님들과 그 동문들에게 이 책을 바친다. 그들이 아니었으면 이 책이 세상에 나올 이유가 없었을 것이다.

차례

학력버블붕괴의 쓰나미가 대한민국을 덮치고 있다

우리나라 중고생의 자살률은 세계 최고 수준이다. 이성교제, 왕따 등 그 시기에 겪을 법한 성장통이나 가정의 불화가 원인이 되기도 하지만 무엇보다 가장 큰 이유는 학교생활과 학업으로 인한 스트레스다. 중고생의 절반 이상이 행복하지 못하다고 느끼고 있고, '학업 부담'과 '진로에 대한 불안'이 불행한 이유의 70퍼센트 이상을 차지하고 있다. 또 해마다 수능이 끝나고 나면 의례적으로 수험생들의 자살 뉴스가 이어진다. 대학에 가기 전까지는 이 압박감으로부터 벗어날 방법이 없다.

그런데 그렇게 해서 대학에 간 '승자'들은 행복할까. 그런 것 같지는 않다. 최근 10년간 평균 200명 이상의 대학생들이 해마다 스스로 목숨을 끊었고 그 숫자는 계속 늘고 있다. 조사하는 방법에 따라서 다르겠지만 제1원인은 '정신과적 원인', 즉 우울증과 같은 마음의 병이라고 한다. 하지만 우울증을 심화시킨 원인까지 따지면 신변 비관도 포함된다. 학업 스트레스, 진로문제, 취업문제 등으로 아까운 청춘들이 사라지고 있는 것이다.

최초로 자살을 사회학의 연구 대상으로 삼은 사람은 프랑스의 사회학자 뒤르켐이다. 그는 자살이 개인적인 선택만의 문제가 아니며 사회적으로 자살을 강제하는 조건이 있다는 것을 밝혀냈다. 자살의 원인이 개인의 심약함에 있다면 일정한 시기에 자살자들이 늘거나 주는 사회적 현상을 설명할 수 없기 때문이다. 최근 대학생 자살이 늘고 있는 사회적 조건을 찾자면 답은 하나밖에 없다. 바로 경제침체다.

경제침체는 세계적인 현상이기는 하지만 우리나라에서 그 충격은 더욱 심각하다. 현재 우리나라의 사회시스템은 1970년대 이후 수십 년에 걸친 급속한 고도성장에 맞춰져 있다. 달리 말해 부동산 가격과 GDP(국내 총생산)가 계속 오르고 경제가 성장할 거라는 믿음 위에 모든 사회 체계가 건설되어 있다. 따라서 빚을 내어 집을 샀는데 이자는 오르고 집값이 떨어지면 모두가 정신적 공황에 빠지는 것은 물론 연쇄적인 부도가 일어날 수밖에 없는 것이 우리나라 경제다. 경제만이 아니라 우리나라 사회 전체가 그렇다.

성장 전망이 유력할 때 사회적으로 복지제도는 취약해지는 법이다.

경제성장으로 인한 소득의 증가가 복지의 필요성을 줄여주기 때문이다. 인구가 늘고 소비는 증대될 테니 그에 맞춰서 계속 투자가 이루어진다. 그런데 이런 상태가 계속 될 수는 없다. 언젠가 성장은 멈출 것이고, 성장이 멈추는 순간 시스템을 바꾸기 시작해야 하는데 (혹은 그 이전부터 준비를 해야 하는데) 고통스러운 개혁보다는 인위적으로 성장을 만들어내는 정책이 더 간편하다. 그럴 경우 훗날 치러야 하는 대가가 더 커질 수밖에 없다. 우리나라 사회는 지난 10년간 이렇게 미루어온 시스템 전환의 값을 이제 치르기 시작하고 있다.

대학생들의 자살 증가는 이런 맥락에서 그 이유를 찾아야 한다.

'취업의 전망은 점점 어두워지고 따라서 경쟁은 더욱 심화된다. 가계소득이 줄어드는데 물가상승으로 인해 등록금은 계속 오를 수밖에 없다. 대학생들은 미래에 대한 투자로서 대학을 다니고 있는데 그 투자의 전망이 극히 불확실하니 불안감은 계속 커진다.'

그런데 사회 어디를 보아도 이 문제에 대한 해법을 내놓는 사람이 없다. 그래서 이 문제는 개인이 해결해야 할 과제가 되고 그 부담은 더욱 커지는 것이다.

우리나라는 OECD 국가들 가운데서 대학진학률이 가장 높은 축에 속한다. 하지만 경제적인 차이를 고려한 실질적인 등록금 부담은 OECD 국가들 가운데서 최상위권이며 취업률은 하위권이다. 대학에서 취업률을 조사할 때 편의점에서 아르바이트하는 학생들조차 취업자로 기재하는 경우가 허다하니 명목상의 취업률이 아니라 실질적인 취업률을 고려하면 최하위권이라고 할 수 있다. 이런 상황에서 대학을 다니고 있으니 차라리 대입 스트레스에 시달리던 고3 시절이 더 속 편하다고 느낄지도 모르겠다. 그때는 대입 걱정만 하면 됐으니까. 지금 대학생들은 우울하고 갑갑할 수밖에 없다.

::::::: 반값 등록금이라는 이슈

이런 상황에서 터져 나온 것이 반값 등록금 이슈다. 대체 왜 대학생과 학부모들이 이런 (무리한) 요구를 들고 나오게 되었을까. 바로 앞에서 이야기한 '불확실한 미래' 때문이다.

사실 우리나라에서 등록금은 항상 부담스러운 것이었다. 오죽하면 1970~1980년대까지 '소 팔아서 대학 보낸다'는 말이 관용어구처럼 사용되었을까. 하지만 이전에는 등록금의 부담이 지금처럼 무겁지 않았다. 이유는 두 가지인데, 첫째는 투자한 등록금만큼 미래에 회수할 수 있을 거라는 희망이 있었기 때문이었고 둘째는 대학생의 비율이 지금처럼 높지 않았기 때문이었다. 이 사항들을 하나하나 따져보도록 하자. 이게 최근 목소리를 높이게 된 대학등록금 문제의 본질이기 때문이다.

대부분의 사람들은 경제학적으로 사고하는 데 서투르다. 최근 행동경제학자들은 어림짐작으로 판단하는 것도 (복잡한 계산을 하지 않고도) 나름 합리적인 결과를 빠르게 얻어낼 수 있는 유용한 사고습관이라는 점을 지적하긴 한다. 그러나 경제학적인 사고방식이 꼭 필요한 경우가 있다. 바로 '기회비용'이라는 개념이다. 예를 들어, 아이를 대학에 보내면 등록금만 투자하는 게 아니다. 대학에 가지 않는 대신 취업해서 벌 수 있는 돈을 포기한다는 '기회비용'이 함께 계산되어야 한다.

다시 말해 1년에 1,000만원의 등록금을 내야 하는 대학에 4년 동안 다닌다면 고등학교 졸업 후 취업해서 벌 수 있는 연봉(예를 들어, 1,800만 원이라고 치자.)까지 합해서 연 3,000만 원 상당의 비용이 든다고 계산해야 하는 것이다. 대학에 가건 가지 않건 생활비는 계속 드는 것이니 관계없다. 그렇다면 어지간한 4년제 대학을 다닌다는 건 1~2억, 경우에 따라서는 2~3억 이상의 비용이 드는 엄청난 투자가 된다. 졸업 후에 (고졸 취업의 경우보다 더) 좋은 직장에 취업해서 많은 돈을 벌지 못한다면 그건 헛된 투자가 된다는 의미다. 그리고 실제로 헛된 투자가 되어가고 있다.

대부분의 대학교육이 헛된 투자가 되는 이유는 앞서 살펴본 두 번째 이유, 즉 '너무나 많은 대학생'에 있다. 과거에는 고졸자들이 하던 일을 이제는 전문대 및 4년제 졸업생이 하고, 전문대졸업생들이 하던 일에 대학원졸업자들마저 뛰어들고 있다. 이렇게 학력인플레 현상이 심각한 이유는 사회적으로 필요한 대학졸업자의 수보다 훨씬 더 많은 졸업자가 양산되고 있기 때문이다.

게다가 대학생의 수가 늘어난다는 건 곧 대학생을 둔 가정의 수가 늘어난다는 뜻이다. 그러니 상대적으로나 절대적으로 등록금의 부담이 더 늘어날 수밖에 없는 구조가 된다. 그래서 견디다 못한 대학생, 학부모, 예비학부모 들이 "이건 우리 문제다."라며 거리에 나서고 국회를 습격하는 일이 벌어지는 것이다. 정치권은 당장 격앙된 목소리에 해법을 찾겠다며 달래기에 바빴지만 딱히 뾰족한 방법이 있는 것은 아니다.

우리는 여기서 물어야 한다. 현재의 구조하에서 등록금의 부담만 줄이는 것이 과연 얼마나 효과적인 해법이 될 것인가.

등록금을 줄여주면 그만큼의 여유자금이 가정에 돌아가므로 소비감소가 완화되거나 소비 자체가 늘어나는 효과가 있을 것이다. 그리고 등록금을 벌기 위해서 아르바이트를 하느라 (혹은 가계부담에 대한 걱정 때문에) 학업에 소홀했던 학생들이 걱정 없이 학업에 전념할 수 있는 환경이 조성될 것이다. 가계는 경제적 부담이 줄어 좋고, 학생들은 경제적으로나 심적으로 조금 더 여유로운 대학생활을 즐길 수 있게 된다. 반값 등록금에 대해 복지 포퓰리즘이라며 반대하는 사람들에게 이러한 논리로 대응할 수도 있겠다.

하지만 그렇다고 해서 졸업 후 취업문제가 해결되는 것은 아니라는 것을 알아야 한다. 등록금 혹은 등록금 부담을 줄여준다고 일자리가 늘어나는 것도 아니며, 취업경쟁이 완화되는 것도 아니다. 아르바이트를 하며 공부할 시간이 줄어든 학생이 공부에 전념할 수 있게 되는 것은 자기 자신의 경쟁력을 높이는, 그래서 개인의 취업가능성을 높이는 효과는 있겠지만 그로 인해서 우리 사회의 경쟁력이 높아진다거나 사회 전체의 취업문제가 해결되는 것은 아니다. 오히려 대학에서의 학업경쟁이 심화됨으로써 학업 스트레스는 계속 높아질 것이다. 따라서 이것은 근본적인 해결책이 되지 못한다.

반값 등록금 이슈는 복지의 문제로만 접근할 것이 아니라 교육의 공공성 관점에서 접근해야 할 필요가 있다. 은행의 부도로 인해 손해 본 사람들에게 손실을 전부 보상해주는 것이 말이 되는가. 이익을 볼 수 있을 거라는 희망을 갖고 본인이 결단을 내린 투자가 아니었던가. 많은 사람들이 얽혀 있는 문제이긴 하지만 이것은 공공의 문제가 아니라 사적인 문제들이 집합적으로 모인 것에 지나지 않는다. 따라서 개인들의 사적 이익을 위한 투자(와 그에 따른 손실)를 공적인 자금으로 보상해주는 것은 잘못된 해법이다. 마찬가지로 등록금 인하라는 것은 결국 학생들 개인의 투자 부담을 줄여주는 것이지 사회 전체의 미래를 위한 공공 교육의 해법은 아니다.

어느 사회나 그렇겠지만 우리나라 사회는 특히 자기 책임을 남의 탓으로 돌리는 관행이 널리 퍼져 있는 듯하다. 그래서 자기가 선택한 일인데도 그것을 책임이 아닌 권리라고 인식하는 경우가 있다. 개발 호재가 있다는 소문을 믿고 땅을 샀다가 개발이 취소되면 공공기관에 가서 시위를 하는 풍경이 아주 일상적인 것처럼 말이다. 기본적으로 대학에 가면 취업이 보장된다거나 고소득의 일자리가 준비되어 있다고 보증을 선 곳은 아무 데도 없는데, 대학에 입학하면 그 사실 하나만으로 어떤 권리를 획득한 듯 믿고 싶어 하는 것도 비슷한 심리인 것 같다.

냉정하게 말해 대학교육에 관한 한 이런 관행이나 태도는 모두가 손잡고 만들어낸 집단적인 오해다. 언제나 교육정책에 대한 학부모들의 요구는 '내 자식 대학 쉽게, 잘 가게 하기'를 위한 것이었다. 백년대계를 고민해야 할 교육당국과 정부는 (방향은 잘 잡았더라도) 이런 요구에 타협하는 경우가 많았다. 그리고 책임교육의 주체여야 할 대학당국은 자기 이익을 위한 이익단체로 행동하는 경우가 다반사였다. 그 결과 만들어진 것이 오늘날 고등교육체제다.

입학·졸업정원제를 한번 생각해보자. 물론 자유민주주의와 시장주의를 근간으로 하는 나라에서는 이런 제도를 없애는 게 교육자율성을 위해 장기적으로 바람직하다고 할 수 있다. 그러나 일단 이 제도를 반대한 것은 자식을 대학에 보내고 싶은 학부모와 정원을 늘려 재정을 확충하려는 대학당국이었다. 여기에서 한 발 더 나아가 정부는 대학의 설립을 더 자유롭게 만듦으로써 학부모와 대학(특히 사학)이 서로 손잡고 대학생 수를 비정상적으로 늘릴 수 있도록 했다. 우리나라의 인구대비 대학 수는 미국의 절반 정도지만 대학 한 곳당 학생 수가 미국의 두 배를 넘기 때문에 결과적으로는 인구 대비 대학생 수가 매우 높은 수준이 되어 버렸다.

우리는 여기서 두 가지 가능성을 생각할 수 있다. 첫째는 국가가 인재배분을 조정하는 것이다. 정부는 일정한 시기별로 산업별·직업별 인력수요를 조사하고 있다. 이에 맞추어 대학의 학과 및 정원을 (간접적인 방식으로라도) 조정함으로써 불필요한 인력낭비가 생기지 않도록 시스템을 조율하는 방법이 있다. 국가통제형 교육시스템인데 자율성은 떨어지지만 정부가 기획과 운영을 잘한다면 사회적인 낭비를 줄일 수 있다. 사회주의적인 이념을 도입한 북유럽 일부 국가가 이렇게 하고 있다.

만일 이러한 시스템이 지나치게 시장의 자율성을 해친다고 여겨진다면 대학이나 학과의 설립, 정원의 조정 등을 완전한 자율에 맡기는 것이 다른 한 가지 방법이다. 대학에서는 계속 존립을 위해 양질의 졸업생을 배출하려고 노력해야 할 테니 대학이 사회적 수요와 인력양성을 연결하는 중추적인 기관이 되는 것이다. 대학은 연구를 통한 창조의 산실이 되고 사회는 필요로 하는 인재들을 필요한 시기에 필요한 양만큼 얻을 수 있게 될 것이다. 시장자본주의적인 체제를 택한 나라에서 이런 정책을 택한다.

우리나라 대학교육은 후자를 선택했다. 인력양성시장에서의 자율적인 경쟁이 양질의 교육과 적절한 인력을 배출하는 체계다. 그런데 지금 이 체계가 제대로 작동하지 않아서 문제가 되고 있다. 왜일까. 답은 명백하다. 어떻게든 대학을 유지하려는 대학당국과 어떻게든 자식을 대학에 보내려는 학부모들 그리고 대학 입학을 권리로 인식하는 학생들의 이해관계가 맞아떨어졌기 때문이다.

만일 후자의 시스템이 제대로 작동한다면 학과의 통폐합이나 신설이 매우 빈번하게 이루어져야 한다. 사회의 변화, 그로 인한 학문의 변화는 너무나 빠르게 가속화되고 있고 교육체계가 이에 대응하기 위해 정신없이 바뀌어야 하기 때문이다. 그런데 대학에서는 그렇게 하지 못한다. 교수와 학생들이 이미 기득권층이고, 불필요한 인력이라도 대학에서 정원을 늘이면 수익이 늘기 때문이다. 예를 들어, 인문대학의 학생 수를 늘이기 위해서 대학에서 투자해야 할 자본은 거의 없지만 등록금 수익은 인원수대로 늘어난다.

그렇게 해서 늘어난 교수들은 학과가 사라지는 것을 반대할 것이고, 학생들은 학생들대로 자신이 입학한 학과가 사라지거나 변경되는 것을 원하지 않을 것이다. 그래서 대학에서의 개혁은 어려워지고, 결과적으로 사회적으로 필요한 인력이 적절하게 양성되지 못하는 결과를 가져온다. 학과뿐만이 아니라 대학의 설립과 통폐합도 마찬가지다. 경쟁력 있는 인재를 양성하지 못하는 학교라 하더라도 이 학교를 없애거나 다른 학교와 통합하는 것은 지금으로선 거의 불가능에 가깝다. 하지만 설립은 자유롭기 때문에 학교는 계속 늘어났다. 그 결과 입학정원을 채우지 못하는 (지원만 하면 합격할 수 있는) 부실 대학이 몇 년 전부터 생겨나 지금도 계속 늘고 있다.

이러한 부실함을 졸속행정이 뒷받침하기까지 한다. 최근엔 글로벌 교육을 모토로 하다 보니 외국인 교수나 학생을 유치하면 정부지원이 늘어난다. 우리나라 학생으로는 정원을 채우지 못하는 부실 대학이 동남아 등에서 마구잡이로 학생을 유치해 정원을 채우고 정부지원을 받는 경우도 있다. 더 큰 문제는 이렇게 유치한 유학생들의 중도포기 사례가 늘고 있다는 것이다.

이렇게 대학당국과 학생(학부모) 그리고 정부의 타협과 미봉책이 합심해서 만들어낸 결과가 OECD 최고의 대학진학률이다. 그리고 대학에 가도 미래가 보이지 않는 암울한 현실이다.

::::::: 20년 뒤를 생각하라

　이 책의 목적이 현재 대학문제의 해법을 찾으려는 게 아니니 이런 문제들이 미래를 책임질 학생들에게 어떤 의미를 갖는지 생각해보기로 하자. 교육은 백년대계라고 하지만 사람이 하는 일이니 그렇게까지 멀리 볼 수도 없고 볼 필요도 없다. 당장 10년에서 20년만 내다볼 수 있어도 기본방향은 잡을 수 있다. 앞으로 10~20년 사이 우리나라 교육에서 벌어질 가장 큰 문제는 학생 수의 절대적 감소다. 앞서 말했듯이 우리나라는 성장의 전망 위에, 1970~1980년대의 인구증가와 경제력 증가를 토대로 사회시스템이 만들어져 있다.

　그런데 제2차 베이비붐이라고 하는 1990년대 초반 세대 이후 급격한 출산율의 저하로 인해 출생인구가 인구 폭발기의 절반 수준으로 떨어졌다. 이렇게 줄어든 인구에 맞추어 교육에 대한 수요 역시 절반 수준으로 줄어들게 될 것인데 이게 바로 10~20년 안에 일어날 일이다. 초중고에서는 이미 시작되었고 이제 대학생 수가 줄어들기 시작할 것이다.

물론 정부에서는 대학 수를 줄이는 구조조정계획을 세우고 있긴 하다. 이에 대해서 대학 한 곳당 학생 수가 많은 것이지 미국에 비하면 인구 대비 대학 수가 많은 것은 아니라는 지적도 있다. 그러나 단순한 숫자만을 비교해서는 안 된다. 대학졸업생에 대한 사회적 수요를 생각해서 고려해야 한다. 양질의 교육을 위해 대학 한 곳당 학생 수도 줄이고 대학 자체도 줄여나갈 수밖에 없는 현실이다. 지금처럼 무조건 대학에 보내고 졸업자 수를 늘리는 제도를 유지하는 게 교육의 근간이 아니라는 말이다. 또한 그러한 추세대로 당연히 대학에 가게 될 거라는 기대 위에서 생각하면 안 된다는 뜻이기도 하다.

앞으로 대학교육은 앞에서 이야기한 원론적인 방향, 즉 사회의 변화에 따라 대학의 혁신적인 변화를 요구하는 방향으로 나가게 될 것이다. 근본적으로 학생 수가 감소하고 있어서 현재의 대학교육 체제를 유지할 수 없기에 변화가 불가피하다.

현실은 달라지고 있는데 과거의 눈으로 세상을 바라본다면 착시 현상이 생겨난다. 우리나라에서의 집단적인 착시 현상은 바로 모든 교육을 '대학'이라는 안경을 통해 바라보기 때문에 생겨난다. 그리고 앞에서 지적했듯이 이것은 대학 입학을 하나의 성취이자 권리로 바라보는 그릇된 관념과 얽혀 있다. 요즘은 뜸해졌지만 과거에 입시철이 되면 언론에서는 학력고사 최고득점자나 수능만점자 인터뷰를 하고 학부모가 아닌 사람들조차도 이런 뉴스에 관심을 보이곤 했다. 하지만 앞으로 이런 집단적인 착시는 사라질 것이다.

최근 반값 등록금 이슈는 거대한 변화를 예고하는 징조라고 할 수 있다. 대학에 대해 갖고 있는 집단적인 환상과 잘못된 기대가 붕괴하고 있다는 뜻이다. 좋은 대학을 나오면 뛰어난 인재가 되고 따라서 더 좋은 직장과 소득을 기대할 수 있을 거라는 믿음, 대학이 신분유지와 상승의 보증이 될 거라는 믿음이 붕괴한다는 뜻이기도 하다. 물론 앞으로 대학개혁은 대학이 이러한 기대에 걸맞은 역할을 할 수 있도록, 사회적으로 필요한 고급인력을 제대로 양산해낼 수 있도록 하는 방향으로 이루어지긴 할 것이다. 하지만 그것은 방향이자 목표이지 현재 대학개혁이 겪고 있는 난항을 생각하면 쉽게 이루어질 일은 아니다.

그래서 앞으로 10~20년이 중요한 학생과 학부모의 입장에서 생각한다면 현재의 대학에 대한 착시에서 벗어나 현실을 직시하는 데서 출발할 필요가 있다. 반값 등록금 이슈는 이제 터지기 시작한 고질적인 질병의 한 증상일 뿐이다. 미래를 위해 고민해야 할 당사자들은 더 넓은 시야에서 자신의 문제를 바라볼 필요가 있다. 거듭 이야기하지만 지금까지 우리나라 사회를 지탱해온 착시를 더 이상 신뢰하지 말아야 한다.

말이 나온 김에 우리나라 사회의 고질병 중 하나를 더 짚어보자. 유럽에서 경제침체의 장기화와 일자리 감소, 소득양분화로 인해 저임금 직종을 전전해야 하는 청년세대들의 문제를 지적하기 위해 '천 유로 세대'라는 말을 만들어낸 적이 있다. 우리나라에서는 환율을 적용해 '88만원 세대'라는 표현을 썼고 동명의 책이 큰 이슈가 되었다. 그런데 전지구적인 자본주의에서 세계공통적으로 나타나는 '불안하고 가난한 청년세대의 문제'가 우리나라에서는 '대학생문제'로 탈바꿈되어 버렸다. '88만원 세대' 강연회에는 당연히 참석한 사람들 절대 다수가 대학생들이었고 강연자도 '대학생의 졸업 후 삶'을 전제로 말하고 있었다. 하지만 왜 청년세대 문제가 대학생들만의 문제인가.

우리나라 사회는 이른바 '주류'라는 것을 만들어놓고 그 주류를 벗어나는 것을 외면하거나 두려워한다. 초등학교를 졸업하면 중학교에 가야 하고, 그 뒤에는 고등학교에 가고 대학을 가야 한다. 대학을 졸업한 뒤엔 취업을 해야 하며, 나이가 차면 결혼을 하고 아이를 낳아야 한다. 여기서 벗어나는 것, 예를 들어 자퇴를 한다거나 취업을 못하거나 안 하는 것, 나이가 차도록 결혼을 못하거나 안 하는 것은 문제가 있는 것이 된다.

한번은 TV에서, 자퇴생이 모두 문제아는 아니며 오히려 자신과 맞지 않는 학교를 벗어나 자신의 꿈을 위해 노력하는, 건강하고 행복한 자퇴생들도 존재한다는 프로그램을 방영한 적이 있었다. 이후 방송국에는 항의전화가 빗발쳤다고 한다. 그렇지 않아도 학교 가기 싫다는 아이가 TV를 보고 학교를 그만둔다고 할까 봐 걱정한 학부모들의 항의였다.

그 학부모들의 심정을 이해 못하는 바는 아니나 이것은 결코 건강한 사회의 모습이 아니다. 모두 주류에서 벗어나는 것이 낙오라고 생각해서 두려워하는 것이기 때문이다. 그러다 보니 주류의 길에서 벗어난 사람들은 어디서부터 무엇을 해야 하는지 아무런 정보를 얻을 수 없다. 고등학교를 다니지 않으면 대학 입시를 어떻게 준비해야 하는지, 대학 졸업 후 취업이 되지 않으면 어떤 식으로 살아야 하는지, 직장에서 승진이 되지 않아 그만두거나 해고당한 사람들은 어디 가서 어떻게 살아야 하는지, 이런 곳에도 길은 있는 것인지 전혀 알 수 있는 방법이 없다. 그러니 낙오되면 죽는다는 불안감으로 주류의 길을 가기 위해 목숨을 건다.

하지만 생각해보라. 대학진학률이 80퍼센트라고 한다면 나머지 20퍼센트는 살 길이 전혀 없을까. 졸업 후 취업률이 70퍼센트라고 한다면 나머지 30퍼센트는 굶어 죽는 것일까. 이른바 대기업에 취업하는 사람은 1년에 몇 만 명이 되지 않는다. 여기서 부장급 이상으로 승진해 명예롭게 은퇴하는 사람은 극소수다. 그렇다면 이 승진 대열에서 밀려나 그만둔 사람들은 어떻게 살아가는 것일까.

이렇게 생각하면 이른바 '정상적인 코스'라고 하는 대학 졸업 후 안정적인 직장에 취업해 적정한 시기에 승진해가는 사람, 계속 소득이 증가하는 사람은 사회 전체로 볼 때 소수에 불과하다. '20 대 80 사회'라고 하지만 정상적인 코스에 있는 사람은 100분의 1도 되지 않을 것이다. 나머지 다수들이 어떻게 살아가야 할지에 대해 왜 학교는 침묵하는 걸까. 왜 그 99의 비전을 보여주지 않는 것일까.

우리나라는 자영업자들의 비중이 매우 높은 사회다. 10명 중 3명 이상이 자영업자다. 그런데 폐업율도 세계 최고 수준이다. 자영업자를 할 준비가 되어 있지 않은 사람들이 장사에 뛰어들고 있기 때문이다. 이렇게 보면 고등학교까지의 보통교육에서 70퍼센트를 위한 임금 근로자 소양교육과 함께 30퍼센트를 위한 자영업자 소양교육을 시켜야 하는 것 아닐까. 고등학교교육이 대학교육을 위해 존재한다고 믿는 나라에서는 "보통교육만 받으면(고등학교만 나오면) 제 앞가림을 할 수 있게 가르쳐야 한다."는 발상 자체가 성립하지 않는다. 그러니 대학에 가지 못하면 실패자나 낙오자가 되어버린다. 이게 정상적인 나라인가.

　'정상적인 시각'에서 교육문제를 바라보자. 정상적인 시각이란 '학부모'나 '학생', 혹은 '대학당국'의 시각이 아닌, 그 모두를 아우르는 객관적인 시각을 의미한다. 교육이 사회와 개인에게 주는 의미 모두를 아우르는 시각이란 뜻이다. 이렇게 볼 때 교육문제는 우리 모두의 문제가 된다. 학부모가 아니어도 직장에서 부하직원을, 사업장에서 피고용자를 거느리고 있으면 교육은 자신의 문제이기 때문이다.

　언론에서 다루는 교육 관련 기사 대부분은 학부모들에게 파는 상업적인 내용이다. 자식을 대학에 보내는 것이 지상목표인 학부모가 존재하니 그들을 고객으로 확보하기 위한 이슈와 브랜드를 끊임없이 생산해내는 교육산업이 존재하고 그들의 홍보가 기사를 대신한다. 이런 기사를 통해서는 교육문제를 왜곡된 관점에서 볼 수밖에 없다. 그러다 보니 백년대계, 아니 10년, 20년을 내다보며 교육을 이야기하자는 목소리는 소음에 묻히고 만다. 이런 현실은 고질적인 병폐를 고치지 못하게 만드는 장애가 된다. 이 책은 바로 우리의 문제라는 관점에서 교육을 같이 고민하자는 취지에서 시작되었다. 자신의 이익을 위해 이슈를 만드는 목소리에 현혹되지 말라는 목적도 포함되어 있다.

지금까지 반값 등록금 등 여러 이슈의 표면 뒤에 근본적인 문제가 있다는 것 그리고 그것을 보지 못하는 이유가 우리나라의 고질적인 병폐인 '대학병'(대학 중심으로 교육을 바라보는 잘못된 관점)에 있다는 것을 지적했다. 거시적인 시각에서 교육문제를 바라볼 수 있게 되면 왜 필자가 중등직업교육과 서울여상을 대안이자 희망으로 제시하는지 그 이유를 공감할 수 있을 것이다.

'교육문제는 우리 모두의 문제'라는 것을 전제로 교육의 근본적인 문제점들을 더 깊이 파고들어보자. 앞으로의 논의를 통해서 이른바 '경쟁력', '창의성' 같은 화두나 '학력차별', '학벌사회' 같은 병폐 등 우리가 자주 듣는 이야기들이 실은 다 얽혀 있음을 알게 될 것이다. 또한 대부분 이 문제들을 잘못 이해하고 있거나 너무 좁게 보고 있다는 것도 깨닫게 될 것이다.

마하트마 간디는 "문제를 제대로 이해하면 답이 저절로 나오는 법이다."라고 말했다. 마찬가지로 교육현실을 제대로 진단하면 자연스럽게 그 해법이 나올 것이다.

　일단 우리나라 사회에서 공적으로 논의되는 교육문제의 화두는 크게 두 가지다. 하나는 글로벌 경쟁 시대에 맞는 경쟁력을 갖춘 인재와 창의적인 인재를 길러내야 한다는 것이고, 다른 하나는 공정사회로 가기 위해 학벌주의를 타파하고 학력차별을 없애자는 것이다. 서로 다른 입장에서 제기하는 화두들이긴 하지만 종종 언론의 같은 지면에 나타나는 일이 없는 것도 아니다.

　일단 이 두 가지 화두는 따로따로 들으면 그럴듯해 보인다. 이것은 교육개혁을 통해서 우리가 잡아야 할 두 마리 토끼들이다. 하지만 둘을 같이 놓고 생각해보라. 이 토끼들이 때로는 서로 반대 방향으로 뛰고 있는 놈들이란 걸 알게 될 것이다. 실은 토끼 각각이 제멋대로 뛰는 놈들이어서 한 마리도 잡기 힘들다.

일단 경쟁력을 갖춘 인재를 길러내기 위한 해법은 자연스럽게 엘리트 교육으로 간다. 삼성의 이건희 회장이 주장하듯이 한 명의 천재가 1만 명, 10만 명을 먹여 살리는 시대다. 한 명의 창의적인 발상이 놀라운 결과를 만들어낼 수 있기 때문인데, 이건 다시 말하자면 (뒤에서 더 길게 이야기할 것이다) 과거처럼 다수의 인력을 투입해서 생산성을 높이는 시스템이 한계에 도달했다는 뜻이다. 그러니 100명을 똑같이 한 걸음씩 나아가게 하는 교육이 아니라 한 명이 100걸음을 뛸 수 있는 교육으로 가야 한다.

그런데 이 경우 교육평준화는 불가능하다. 교육평준화가 불가능할 뿐만 아니라 우열을 가르고 성취에 따라 대우를 다르게 하는 (공정한) 차별이 당연한 일이 된다. 우수한 학생과 그렇지 못한 학생을 가른다면, 그에 따라 우수한 학생이 많은 학교와 그렇지 못한 학교, 1만 명을 먹여 살릴 수 있는 인재를 기를 수 있는 학교와 그렇지 못한 학교가 나뉘는 것은 당연한 수순이다. 그렇다면 출신 학교가 '우수성의 보장'이 되는 게 자연스러운 일 아닐까.

물론 그렇다. 어느 나라를 가더라도 학교의 서열은 존재한다. 특히 대학과 같은 고등교육기관에서는 그럴 수밖에 없다. 학력차별의 틀을 깨고 학벌주의를 타파하자는 말은 '기회를 박탈하지 말자'는 뜻이지 학교 사이의 격차를 부정한다는 뜻은 아니다.

오히려 현재 학벌타파와 학력차별 금지의 대세가 잘못 짚고 있는 것은 기회의 대상을 대학 재학생 혹은 대졸자에 한하고 있다는 것이다. 즉 비인기학과 출신이 인기학과 출신에 대해서, 비명문대생이 명문대 출신에 대해서, 지방대 출신이 서울 소재 대학 출신에 대해서 갖게 되는 기회의 불리함에 논의가 집중되어 있다.

물론 이러한 '레벨'이 애초부터 기회를 박탈하는 것은 분명한 문제이며 극복되어야 한다. 하지만 더 중요한 문제는 이른바 명문대 인기학과라고 해서 우수한 인재를 보장하지 못하는 교육의 실패에 있다. 나아가 이러한 논의가 대학 출신이 아닌 인재에게도 확장되어야 한다는 데 있다.

앞으로 살펴보겠지만 명문대 관련학과를 나왔다고 해서 현장에서도 뛰어난 인재가 된다는 보장은 없다. 그리고 비명문대 비관련학과를 나왔다고 해서 필요한 자질과 능력을 전혀 갖추지 못했다는 단언을 할 수도 없다.

현장에서 필요한 능력과 자질은 학벌과 학력에 따라 위계적으로 배분되어 있지 않은데 우리는 그러할 것이라고 기대하거나 착각한다. 그러므로 (현실에서 필요한) 진짜 능력이란 무엇이며 그것을 어떻게 교육할 것인가에 대해 문제를 제기해야 한다.

이 책의 논의를 따라가다보면 대학이라는 학벌의 허울이 얼마나 우스운 것인가를 알게 될 것이다. 또한 학벌타파가 대학을 나오지 않은 사람에게도 확대되어야 한다는 것을 인정하게 될 것이다.

앞에서 어느 나라에나 학교의 서열은 존재한다고 했다. 실제로 미국의 대학 순위 평가는 공개적으로 이루어지고 있으며 사회적으로도 이 순위는 존중받는다. 다만 이 순위를 무색케 하는 성과가 자주 발생하며, 영역에 따라서는 이런 순위가 무의미하다. 그것은 기본적으로 능력 본위의 바탕에서 학교의 서열을 참조하는 마인드가 갖추어져 있기 때문이다. 학력차별의 개선, 학벌타파의 길은 능력 본위 사회로 가는 데 있지 학교 간 격차를 줄인다거나 지방대나 비명문대 출신의 불이익을 없애는 데 있는 게 아니다. 앞서 말했듯이 우리나라 사회는 교육과 관련된 한 모든 문제를 대학 중심으로 사고하는 것이 문제다.

때문에 학벌사회의 타파는 다른 화두인 경쟁력의 문제로 넘어간다. 능력 본위 사회에서는 더 뛰어난 경쟁력을 갖춘 사람이 (출신 학교나 학과에 상관없이) 발탁되어 우대받는다. 그것이 '창조적 인재'와 '학벌사회 극복'이라는 두 화두가 조화를 이룰 수 있는 토대다.

'경쟁력'을 말할 때 사람들이 흔히 착각하는 게 있다. '만인에 대한 만인의 경쟁' 따위는 존재하지 않음을 모른다는 사실이다. 경쟁은 자신이 관련된 분야에서 같은 자리를 노리는 사람들 사이에서 존재한다. 예를 들어, 지방대 생명공학과 학생이 서울의 상위권 대학 국문학과 학생이나 로스쿨 학생과 경쟁하지는 않는다는 말이다.

이 점을 생각하지 않으면 막연하게 경쟁을 대비하게 된다. 예를 들어, 미래가 보이지 않고 뚜렷한 전망도 없을 때 대학생들이 흔히 저지르는 과오 중 하나는 영어 공부를 비롯한 스펙을 쌓는 일이다. 그런데 안타깝게도 '스펙이 곧 경쟁력'이 되진 못한다. 스펙은 그저 부수적인 소양일 뿐이다. 같은 분야에 뛰어든 사람들 중에서 자신이 그 분야에 더 필요한 능력이 있음을 보여주는 게 진짜 경쟁력이다.

그리고 경쟁력의 측정이 좀 더 공정하고 합리적으로 되어야 한다는 게 학벌주의 극복의 핵심이다. 지방대 출신이 서울 소재 대학 출신에 비해서, 비명문대생이 명문대생에 비해서 입사 및 채용 시에 불이익을 당한다는 것은 문제다. 그런데 근본적으로 학벌주의를 극복하려면, 이렇게 공정한 경쟁력을 평가받을 기회가 고졸 출신에게도 (심지어는 그 이상으로도) 열려야 한다.

그렇지 않으면 학벌주의 문제는 그저 서울 대 지방, 명문 대 비명문 사이의 이해다툼밖에 되지 않는다. 우리 사회의 많은 문제들은 본질적인 부분을 건드리지 못하고 미봉책을 마련하는 선에서 그치고 마는데, 대부분 보편적이고 합리적인 해결책을 찾는 것보다는 이해관계를 따지는 데 급급했기 때문이다. 학벌주의 타파도 마찬가지다.

::::::: 경쟁력이란 무엇인가

경쟁력에 대한 또 다른 오해는, 사람들이 모든 분야에서 다 통하는 일반적인 능력이 존재한다고 믿는다는 것이다. 바로 스펙의 신화다.

영어를 예로 들어보자. 우리나라에선 일반적으로 영어능력을 검증하기 위해 토익을 본다. 그러나 토익은 기본적으로 기업에 종사하는 사람들에게 특화된 내용을 주로 담고 있다. 초중고생이 높은 토익 점수를 받는다고 이 학생이 자신에게 필요한 영어능력을 갖고 있느냐 하면 전혀 그렇지 않다는 말이다. 듣기와 말하기 능력은 형편없는데 고급영어 독해력은 매우 뛰어난 사람이 있다고 하자. 이 사람은 기술 분야에서 외국의 최신 정보를 빠르게 받아들여 독해하는 업무직에 지원할 경우 토익 점수가 높기만 한 사람보다 더 경쟁력을 갖게 될 것이다. 무조건 토익 점수가 높다고 해서 경쟁력 확보가 되진 않는다는 말이다.

대개 기업들이 인재를 채용할 때 '진짜 경쟁력, 진짜 능력'을 검증할 방법을 모르다 보니 '일반적인 능력'을 보는 일반적인 지표들에 의존한다. 그로 인해 대학생은 이른바 학점관리, 영어공부, 기타 스펙 쌓기의 삼박자를 갖추기 위해 고군분투하고 기업 인사담당자들은 고뇌에 빠진다. 여러 항목에서 매우 우수해 보이는 인재를 뽑았는데 기대에 못 미치는 경우가 허다하기 때문이다. 그 점을 극복하기 위해 면접을 강화하긴 하지만 역시나 명문대 출신 우등생에 대한 선입견을 버리지 못하고 같은 실수를 반복하기 일쑤다. 특히 면접관 자신이 명문대 출신 우등생이었다면 비슷한 인재상을 뽑게 된다.

이런 문제 때문에 인턴제를 실시하는 것이 합리적일 때도 있다. 인턴 기간 동안 업무적합성, 즉 업무 분야에서의 경쟁력을 판단하고 최종적으로 채용할지 말지를 결정하는 시스템이, 서류전형과 입사시험, 그리고 면접이라는 복잡한 프로세스보다 훨씬 더 믿을 수 있는 체계이기 때문이다.

그런데 실제 현장에서는 인턴제도가 그렇게 합리적으로 운영되지 못할 때가 많다. 형식적으로 인턴제를 운용하는 경우가 대부분인 탓이다.

인턴들은 인턴 기간 동안 현장 업무를 익히는 데 집중한다. 능력을 발휘해 평가를 받을 만한 기회 자체가 없다. 그러고는 인사담당자들은 푸념을 한다.

"대학에서 도대체 뭘 배워오는 거야. 이건 처음부터 다시 다 가르쳐야 하잖아."

그러니 합리적으로 경쟁력을 측정한다는 건 현실에서는 먼 이야기다. 어차피 업무 분야에서의 능력이나 잠재력을 제대로 평가할 수 없으니 일반적인 지표로 우수한 인재를 뽑는, '안전해 보이는' 도박을 하는 것이다. 명문대 상위권 학과 출신 그리고 영어를 비롯한 각종 시험에서의 고득점. 이 같은 일반적인 조건을 충족시키지 못한, '일반 지능'이 뒤떨어진 인재들은 기회를 박탈당한다. 바로 학력차별이 여기서 시작된다.

다시 한 번 말하지만 일반 지능이 결코 특정한 분야에서의 능력을 뜻하는 게 아니다. 앞으로 자세하게 논의할 텐데 학교 성적으로 대표되는 일반 지능이란 창조성이나 경쟁력과 아무런 관련이 없다.

　기업 입장에선 어차피 실질적인 능력을 평가할 수 없으니 '겉표지'를 중요하게 여기는 게 당연할 수도 있다. 그러나 이러한 상황이 지속되면 겉표지와 기득권을 지키는 것을 놓고 이해관계가 갈린다. 사회적인 갈등의 상당 부분이 이와 관련되어 있다.

　우리 사회는 사회 전체가 실질과 명분이 따로 놀고 있다. 사실 이건 매우 심각한 문제다. 무형의 사회적 자본에서 가장 중요한 것은 사회적인 신뢰(trust)다. 신뢰가 낮은 사회에서는 검증과 보증을 위해 더 많은 비용을 지출한다. 검토에 검토를 거쳐야 하기 때문이다. 실질적인 신뢰가 바탕이 되어 있다면 한두 번의 단계로 끝나면 충분할 일을 서너 번이고 네다섯 번이고 거듭해야 한다. 왜냐면 누구나 명분과 겉표지를 신뢰하면서도 명분이 실질을 보장해주지 않는다는 것을 잘 알고 있기 때문이다. 그러다 보니 기묘한 분열증세가 나타나곤 한다. 예를 들자면 '서울대 나와도 별 거 없다'는 걸 누구나 알고 인정하면서도 인재를 뽑아야 한다면 '그래도 서울대'가 되는 식이다.

이런 괴리를 경쟁력이란 화두에 적용해봐도 말이 된다. 언론이나 대학의 광고에서는 '글로벌 경쟁력'을 운운한다. 하지만 만인의 만인에 대한 경쟁 같은 건 없으므로 대부분의 사람들에게는 글로벌한 경쟁 따위는 무의미하다. 대부분의 경쟁은 로컬한 것이다. 그런데 우리는 글로벌이라는 허구에 매달려 일반적인 기준으로 경쟁력을 평가한다.

중하위권 학생들에게 가장 큰 영향력을 줄 수 있는 교사는 본인 스스로가 중하위권에서 공부하는 데 어려움을 겪었던 사람이다. 우수한 성적으로 고등학교를 다녔고 우수한 대학을 나온 모범 교사는 '학생을 잘 가르친다'는 관점에서 교단의 경쟁력을 평가하면 형편없는 경우가 많다. 하지만 전국 어디에서나 볼 수 있는 학원 광고물을 보라. 명문대 출신이 아닌 사람이 없고 학부모는 그 학벌이라는 겉표지를 신뢰한다. '저 역시 어려움을 겪어 봤기에 아이들이 공부를 못하는 이유를 잘 알고 있습니다.'라고 말해봤자 소위 '지잡대(지방에 있는 잡대학들)' 출신 강사에게 자신의 아이를 맡길 부모는 별로 없을 것이다.

국민교육헌장을 통해 '능률과 실질을 숭상'한다고 수십 년을 되뇌어 왔지만, 사람들은 그저 탁상공론을 피한다거나 결과주의를 강조하는 내용이라는 수준으로만 이 문구를 이해하고 있다. 이제는 무엇이 실질적인 창의성인가, 무엇이 실질적인 경쟁력인가를 고민해야 한다. 이 문제를 들여다보면 학벌이라는 허구를 발가벗기고 능력 본위 사회를 향해 나갈 수 있게 된다.

경쟁력과 창의성의 허구

잠깐 언급했지만 우리나라 교육담론의 허상은 사교육 시장의 브랜드 싸움이 큰 역할을 했다. 사회 전체가 허상에 매달려 있으니 그 허상을 이용해 장사를 하는 교육산업이 시대의 교육적 화두를 주도하는 기형적인 현상이 벌어지고 있는 것이다. 몇 년마다 우리나라 전체의 영어교육방법론이 바뀌는 것처럼 보이는 것도 그 때문이다. 학원가에서 인기 강사가 바뀔 때마다 우리나라 전체의 교육방법론이 바뀌는 것처럼 느껴질 정도다. 교육의 원론이랄까 근간은 변화가 없는데 늘 혁신을 하는 것처럼 보여야 하는 교육당국의 고민과도 맞닿아 있는 문제다.

최근 '자기주도학습'이라는 화두도 그렇다. 창의성이 강조되는 시대다

보니 교육도 그에 따라 바뀌어야 할 거 같은데 문제는 창의성이란 게 '교육'시킬 수 있는 자질이 아니라는 데 있다. 그러다 보니 '스스로 창의적으로 공부하도록' 하는 것이 창의적 교육이라는 생각에서 자기주도학습이라는 화두가 등장했다. 이제는 학습지나 학원마저 자기주도학습을 내걸지 않으면 장사가 안 될 정도다.

안타깝지만 '창의력을 기르는 매뉴얼'이라는 게 있을 까닭이 없다. 실제 기업에서건 혹은 학문이나 문화예술의 세계에서건 창의적인 인재라고 여겨지는 사람 중에서 엘리트 교육을 착실히 받은, 즉 '교육받은 창의적 인재' 따위는 찾으려야 찾을 수가 없다. 그런데 교육의 화두가 창의성이라니 말이 되는 소리일까.

더더군다나 신뢰할 만한 교육철학자나 전문가들 중에서는 '암기가 창의력의 토대'라는 주장을 하는 사람들이 다수 있다. 기본적으로 반복적인 학습으로 두뇌에 저장해둔 지식만이 우리가 항상 쉽게 꺼내어 쓸 수 있는 정보이며, 이렇게 익숙해져 있어야 창의적인 응용이 가능하다는 논리다. 그 말도 그럴 듯하다.

한편 다른 전문가들은 자기주도학습의 패러다임이 완벽한 실패로 끝난 예를 들기도 한다. 바로 미국의 수학교육이다. 1980~1990년대에 미국에선 교사의 지시에 따라 착실하게 반복하는 학습이 아니라 학생이 능동적으로 탐구하고 체험을 통해서 자신만의 방법으로 답을 찾도록 하는 구성주의 교육방법론이 유행했다. 그리고 이후 미국 학생들의 수학능력은 현저하게 떨어지기 시작했다. 이른바 '자기주도적 학습'이 갖고 있는 허구성을 여실히 보여준 사례다.

이쯤 되면 어떻게 해야 좋을지 모르는 상황이 된다. 스스로 하게 놔둬야 하는 걸까, 아니면 억지로라도 시켜야 하는 걸까. 판단을 내리지 못하니 대세에 따른다. 그리고 대세와 주류에 따르면 어떻게든 되겠지 하고 스스로를 위안한다. 하지만 이 모든 이야기들은 창의성과 경쟁력, 더 일반적으로 지능과 능력에 대한 완전한 오해에 기초해 있다.

결론적으로 말하자면 일반 지능은 능력도 아니며 경쟁력도 아니고 창의성도 아니기 때문에 개별적으로 혹은 해당 분야에 따라 다르게 접근해야 한다는 것이 해답이다. 그런데 이 문제를 학교에서 해결하지 못하니 그저 일반 지능이라는 것을 신뢰하는 데서 그칠 수밖에 없다.

하지만 사회가 필요로 하는 능력은, 혹은 인재는 그렇게 일반 지능이 뛰어난 학생이 아니다. 특정한 맥락에서 필요로 하는 바로 그 능력을 갖춘 인재가 진짜 인재다. 하지만 사회의 근본적인 변화를 읽지 못한 교육 패러다임, 교육패러다임의 변화를 읽지 못하는 교사와 학부모로 인해서 올바른 방향의 정책조차도 실패로 끝나고 있는 게 우리 현실이다.

:::::: 근대적 보통교육에 길들여진 우리

푸코라는 철학자는 우리가 간과한 근대사회의 여러 측면을 탐구한 것으로 유명하다. 예를 들어, 그는 감옥, 군대, 학교, 병원이 근대사회에서 같은 원리에 의해서 움직이고 있다고 지적했다. 그 원리가 무엇일지 한번 생각해보기 바란다. 이 원리는 우리의 학교교육이 매번 실패하는 이유를 이해하는 데 매우 중요하다. 감옥, 군대, 학교, 병원에서 공통적으로 떠올릴 수 있는 다른 장소를 생각해보면 그 원리를 쉽게 이해할 수 있다. 바로 '공장'이다.

지금 언급된 장소들의 공통적인 원리는 다음과 같다.

(1) 소수의 사람들이 다수의 사람을 관리하고 통제한다.

(2) 일일이 지시하는 게 어려우므로 규율을 만들어 따르도록 한다.

(3) 규율을 어기면 처벌이 뒤따른다(규율이 잘 지켜지면 상을 주기도 한다).

생각해보라. 우리가 어릴 때 가장 많이 들었던 말, 부모가 되면 아이들에게 가장 많이 하는 말 중 하나가 "학교 가면 선생님 말씀 잘 들어라."다. 군대에서는 상관과 고참(선임병) 말을 잘 들어야 한다. 감옥에서는 교도관의 지시를 잘 따라야 하고, 병원에서는 의사와 간호사 말을 잘 들어야 한다. 그리고 공장에서는 감독관이 시키는 대로 해야 한다.

이 모든 기관과 장소의 모델은 바로 공장이다. 왜냐면 이러한 제도들이 자리 잡게 된 '산업사회'에서는 사회의 생산력이 공장으로 집결되어 있었고 공장이 사회 전체의 모델이었기 때문이다. 학교교육조차도 공장제 산업사회의 모델에 맞추어 기획되었다.

인력분배의 피라미드를 상상해보라. 예를 들어, 보통교육을 받거나 그 이하의 교육을 받은 사람들은 단순 비숙련 노동을 하면 된다. 이들이 사회에서 대다수를 차지하며 피라미드의 하단에 위치한다. 그 위에 숙련 노동자들이나 엔지니어가 좀 더 적은 수로 존재한다. 그 위에는 회사 전체를 관리하는 고급 관리직과 부수적인 업무를 처리하는 사무직이 있다. 다시 말해 엔지니어와 고급 관리직은 고등교육을 받은 소수의 사람들이 맡으면 되고 나머지 대부분 사람들은 공장의 벨트 컨베이어시스템에서 단순한 업무를 하면 된다.

우리의 아이들은 (그리고 부모들은) 고등학교를 '대학 가기 위해' 다닌다고 생각한다. 하지만 초등학교에서 고등학교까지의 보통교육은 '모든 시민이 받아야 할 기초교육'이다. 대학에서 배우는 것은 전문적인 지식이기 때문에 사회 대다수의 시민들은 보통교육만 받으면 충분하다는 말이다. 현재는 아닐는지 모르지만, 애당초 보통교육의 제도는 그렇게 만들어진 것이다.

산업사회에서의 보통교육은 '공장에 다닐 아이들'을 길러내기 위해 존재했다. 그리고 공장에서 감독관의 말을 잘 들어야 하기 때문에 규칙을 잘 지키는 훈육이 교육의 핵심이었다. 그러다 보니 보통교육은 속성상 '똑똑한 아이'가 아니라 '말 잘 듣는 아이'를 기르는 게 본질적인 기능이 되어버렸다. 똑똑한 아이들은 사고를 치기 때문이다.

미국의 어느 회사에서는 단순하고 반복적인 일을 해야 하는 비숙련 노동자를 뽑을 때 지능을 측정해 머리가 좋은 사람은 뽑지 않는 관행이 있었다. 똑똑한 사람은 금세 싫증을 내고 지루함을 느껴 한눈팔기 때문이다. 정밀기계를 다루는 공장에서 이런 사람은 대형사고를 일으키는 원인이 된다. 그러니 "귀하의 능력은 너무나 우수해서 우리가 필요한 인재로는 적합지 않습니다."라는 불합격 통지서를 받게 되는 것이다.

이처럼 똑똑한 아이와 우수한 학생은 전혀 다른 개념이다. 아이들에게 쉽고 기본적인 문제를 반복해서 풀라고 시켰을 때 똑똑한 아이는 금세 딴짓을 하고, 착하고 우수한 학생들은 교사가 시킨 대로 그 일을 끝까지 마무리 짓는다. 우리의 교육은 전자의 똑똑한 아이를 후자의 착하고 우수한 (순응적인) 학생으로 바꾸는 시스템이다. 그래서 영악하게 똑똑한 아이들은 체제에 순응하는 척하는 방법을 배우고, 순진하게 똑똑한 아이들은 말썽꾸러기나 부적응아가 되어버린다.

다른 각도에서 말하자면 학부모와 교사(학교)가 영합해 똑똑한 아이들을 우수한 모범생으로 바꾸고 있다는 것인데, 이건 산업화 시대에 시작된 보통 학교의 교육적 이념이 체제 속에 그대로 남아 있기 때문이다. 기본적으로 익혀야 할 지식을 학년 별로 체계적으로 정리해 교과서로 만들고 그것을 이해시키는 것이 교과과정의 목표가 된다. 이 교과과정보다 이해력이나 응용력이 빠른 학생들은 싫증을 느끼고 딴짓을 하거나 엉뚱한 질문을 하면 수업에 방해가 되니 튀지 않도록 억눌러야 한다.

이런 훈육을 몸에 배게 하는 것은 체벌이 아니라 '시험'이었다. 시험공부는 배우고 익힌 것을 얼마나 잘 되풀이하는가에 성공 여부가 달려 있기 때문이다. 이러한 제도는 본질적으로 달라지지 않았고 최근에는 선행학습이 유행하면서 지루함을 누르고 반복하는 것에 익숙해지도록 하는 억압이 더 늘어났다. 교실에 컴퓨터가 도입되고 중학생이 미적분을 공부하는 선행학습의 시대가 와도 여전히 200년 전의 교실 풍경과 크게 다르지 않다.

하지만 우리 시대는 더 이상 공장이 생산력의 중심인 산업사회가 아니지 않은가. 세계는 오래전에 그 단계를 벗어났고, 우리 사회 역시 1970~1980년대 공업 중심의 경제발전 단계를 벗어난 지 오래다. 그리고 교육 역시 그에 맞추어 변화하려고 시도했다. 성공하지는 못했지만 말이다.

지난 20년간 우리는 무엇을 시도했으며, 왜 실패했는지를 알아보자.

정보화 시대의 교육
- 논술과 수능 제도의 실패

1990년대 우리나라 사회의 화두는 '정보화'와 '세계화'였다. 이 당시 우리나라 사람들이 받은 전형적인 충격은 이런 것이다. IMF 사태 이후 국가 부채를 해결하기 위해 금모으기를 열심히 했는데 할리우드 영화 블록버스터 한 편이 그 외화를 고스란히 가져가버린다는 사실을 알았다. 다른 곳에서는 현대자동차를 1년 동안 수출해서 번 돈을 영화 한 편이 다 벌어들인다는 사실을 강조하기도 했다.

이제는 문화의 창조력이 돈이 되고 힘이 되는 사회라는 것이다. 그래서 '신지식인' 열풍이 불었다. 이런 시대의 흐름을 '정보화'라고 이름 붙인 이유는, 제조업이 아니라 지식산업, 문화산업 등 '무형의 상품'이 경제

성장을 주도하는 시대라는 뜻이었다. 그것을 '정보'라고 통칭한 것이다. 물론 그 뒤에는 대학 중퇴자이면서도 컴퓨터 프로그램 사업으로 세계 최고의 부자가 된 빌 게이츠의 그림자가 있었다.

그럼 어떻게 교육이 바뀌어야 할까. 더 이상 열심히 배우고 익힌 것을 얼마나 앵무새처럼 잘 되뇌는가를 평가하는 것에서 머물러선 안 되었다. 이 점에 대해서는 교육전문가들 사이에서 합의가 이루어졌다. 그 모델로 받아들인 것이 두 가지인데 하나는 미국의 SAT이고 다른 하나는 프랑스의 바칼로레아였다. 전자는 수능의 모델이고 후자는 논술의 모델이다.

SAT와 수능의 공통점(이라고 할 만한 기획의도)은 무엇일까. 바로 지식을 테스트하는 것이 아니라 지식을 습득하고 활용할 수 있는 기본적 토대인 '수행 능력'을 테스트한다는 것이다. 즉 특정 분야의 지식을 묻는 게 아니라 '앞으로 공부하는 데 필요한 기초적인 능력을 갖추고 있는가'를 확인하기 위한 '능력 시험'이 두 제도의 토대라는 것이다.

SAT의 경우 언어와 수학이 중심인 이유가 그 때문이고, 수능의 경우 많은 문항들이 문제와 지문만 이해해도 답을 낼 수 있는 이유도 여기에 있다. 실제로 필자는 사교육에 종사하는 동안, 자퇴 이후 학교 교과공부를 전혀 해본 적이 없는데도 책을 많이 읽은 덕분에 시험 준비를 거의 하지 않고도 수능에서 고득점을 받은 학생을 본 적이 있다. 그것은 수학능력시험이 애초에 그런 의도로 만들어졌기 때문이다. 암기하고 있는 지식의 양이 아니라 지식의 응용능력을 보겠다는 것이다.

한편 논술은 다른 의도에서 도입되었다. 일단은 학교의 교과교육에서 충분히 갖추지 못한 지식인의 소양을 검증한다는 게 주요 목적이다. 논술의 주제들이 대부분 지식사회의 화두들이거나 기본적으로 시민 혹은 사회지도층이 이해하고 있어야 할 사회적 문제들인 것도 그 때문이다. 굳이 한 가지 더 추가한다면, 평소에 접하지 않은 문제라고 하더라도 주어진 정보(지문)를 바탕으로 논리적으로 견해를 도출해 정리하는 능력은 모든 지적 활동에서 필요한 소양이므로 이를 측정하기 위한 목적도 있을 것이다.

조금 더 확장해서 생각한다면 현실에서 점점 전방위적인 능력을 요구하니 이공계 계통의 직업을 가진 사람도 기획하고 프레젠테이션하는 능력이 필요해졌다는 데 그 뿌리가 있다고 할 수 있다. 어떤 아이디어든 그 맥락을 정리해서 설명하거나 논리적으로 검토할 수 없다면 남들과 공유한다는 게 불가능하니 말이다.

아무튼 이런 의도로 도입된 두 제도는 금세 저항과 난관에 부딪쳤다. 수능은 변별력이 없다는 이유로, 논술은 공부 부담을 무리하게 늘린다는 이유였다. 결국 애초의 기획의도를 퇴색시키는 순응적인 타협을 해야 했다. 또 한편으로는 정보화 시대에 맞는 창의적인 능력을 기르기 위한 선발제도에 대해 구시대적인 태도를 갖고 있는 학교, 학부모, 학생 들이 구시대적인 대응전략을 발전시켜 그 의도를 무산시켰기 때문이기도 하다.

　사실 산업사회는 그 이전의 농경사회에 비하면 비약적으로 변화했지만 탈산업사회 혹은 지식정보화사회의 변화속도에 비하면 오히려 완만하다고 할 정도의 안정적인 사회였다. 그러니 그 시대에는 태어나서 청소년기에 배운 기술로 평생 동안 그 일만 하며 먹고 사는 게 가능했다.

　지식정보화사회에서는 오늘 배운 지식이 내일 당장 쓸모없어지는 경우도 있다. 이런 변화속도를 감안해 현대사회에서는 무엇인가를 배워서 암기하는 능력보다 잊어버리는 능력이 더 중요해졌다고 할 정도다. 실제로 교과서의 경우 매번 개정을 해도 오류가 지적 되는데, 특히 최근 몇 년 동안 지리 교과의 내용이 그러했다. 지역경제가 매우 빠르게 해체되고 지방산업이 변모하면서 많은 내용들이 빠른 속도로 낡은 오류가 되어버렸기 때문이다. 교과 목표의 설정부터 교과서의 집필까지 들이는 공을 생각하면 개정 직후부터 낡아버리는 교과서를 그렇게 열심히 공부해서 시험을 볼 필요가 있나 싶을 정도다.

이것은 보통교육이 아니라 대학과 같이 전문 분야를 공부하는 고등교육에서도 마찬가지다. 실제로 지난 수십 년간 학문은 비약적으로 광범위하게 발전했지만 대부분의 대학에서 졸업하기 위해 필요한 전공이수 학점의 양은 줄었다. 어차피 대학교육으로는 전문가가 될 수 없는 시대가 되었기 때문에 특정 전공을 깊이 파고드는 게 무의미하기도 하다.

따라서 이른바 지식정보화 시대에 필요한 학생 선발시험은 '공부해서 준비하는' 종류의 것이어서는 안 된다. 지식을 머릿속에 넣어두는 능력이 더 이상 예전만큼 중요하지 않기 때문이다. 적어도 새로운 학생 선발제도의 발상과 문제의식은 그러했다. 그런데 이것을 망친 것은 달라지지 않는 학교와 학부모였다.

행정학 용어 중에서 '훈련된 무능'이라는 개념이 있다. 독자들이 이 개념을 중요하게 받아들였으면 한다. 우리나라의 인재양성시스템의 근본적인 맹점이 여기에 있기 때문이다. '훈련된 무능'이란 관료제의 구조분화로 고도의 전문성을 추구함에 따라, 익숙한 분야 외에는 문외한이 되어 무능해지는 현상을 말한다. 입시 결과에 모든 걸 거는 학교의 교육이 전형적인 사례다. 수험생들은 학력고사와 수능에 나오는 과목 이외의 학습은 소홀히 하기 때문이다. 심지어 이러한 타성적인 학습태도는 '출제범위가 없는 시험'인 논술에까지 이어졌다. 기출문제와 출제경향을 완벽하게 분석하는 훌륭한 사교육 산업 덕분에 '논술에 나올 만한 주제에 대해 답안으로 쓸 만큼의 지식만을 정리해서 머릿속에 넣어두는' 시험 준비가 가능했기 때문이다. 그러다 보니 모든 논술 답안이 엇비슷하게 천편일률적으로 나오는 결과가 생겨났고 '자기 머리로 생각하게 만든다'는 취지도 무색해졌다.

이건 새 술을 헌 부대에 넣어서 술을 망친 전형적인 패턴이다. 현실은 교육이 발 빠르게 따라오기를 요구하는데, 교사들이 이를 따라가지 못하고 학부모가 이를 이해하지 못한다. 그러다 보니 중간에서 죽어나는 건 학생뿐이다. 이들은 열심히 시키는 대로 했을 뿐인데 사회에서 필요로 하는 능력을 갖추지 못한 무능한 우등생이 되어버렸다.

자기만 계발해서 자기계발?

지금까지 말했던 모든 문제는 어떤 것이 원인이라고 지적하기가 어려울 만큼 모두 얽혀 있다. 사회는 빠르게 바뀌고 있고 이 변화는 교육이 따라오기를 요구한다. 그러나 교육은 실제로 이 변화를 충분히 성공적으로 따라가지 못하고 있고 그로 인해서 모두가 타협을 한다. 사실 사람들은 고등학교와 대학교에서 학생들에게 사회가 필요로 하는 능력을 길러주었는지를 믿지 못한다. 그러니 학교에선 실질적인 능력 대신 진학률과 취업률이라는 명분과 타협을 하고, 사회에서는 학벌(뒤에 있는 일반 지능)과 타협하는 것이다.

이런 왜곡된 구조 속에서 당사자인 학생들은 실질을 갖추는 게 아니라 이러한 명분을 갖추기 위해 필사적으로 노력한다. 자신이 종사할 분야에서 필요한 어학능력을 갖추었다는 걸 입증할 수도 없고 그런 걸 묻는 곳도 없으니 그저 남들이 하는 대로 시험용 영어를 공부한다. 대학에서 배운 것은 현장에 나가면 낡거나 무용한 것들이 대부분이니 앞으로 필요한 지식을 공부하는 게 아니라 학점을 관리한다. 정말로 사회적인 관심이 많고 활동적이며 리더가 될 자질을 갖추고 있는지를 보여줄 방법도 없고 알아봐 줄 사람도 없으니 각종 행사에 참여함으로써 스펙을 화려하게 만든다.

결과적으로 이러한 준비는 실제로 사회가 필요로 하는 능력이 아니고 그렇다고 자신이 써먹을 수 있는 것도 아니니 열정과 창의성이 끼어들 틈이 없다. 그저 자신의 미래를 위한 막연한 투자일 뿐이다. 그렇지만 스스로는 사회가, 기업이 원하는 스펙을 쌓으려고 노력했다고 생각하니 그러고도 취업을 못하면 억울할 수밖에 없다. 반값 등록금을 들고 일어나게 되는 심리란 그런 것이다. 시키는 대로 해왔는데 이러고도 취업이 안 된다니 말이 되냐는 것이다.

자기주도적으로 전공을 선택하고 공부를 해온 사람이라면 이런 발상을 할 수가 없다. 고등학교 때 직업의 세계를 탐구하고 자신의 적성과 비전을 고려해 대학을 간 경우라면 자기 선택이기 때문이다. 그러고도 실패한다면 (때로는 운이 없기도 하지만) 기본적으로 자신의 탓이라는 걸 겸허하게 인정해야 하는 것이다. 하지만 지식정보화 시대에 구시대의 공장 노동자처럼 매뉴얼대로 살아온 학생들은 억울할 수밖에 없다. 왜 남들 다 하는 대로, 사회가 원하는 대로 해왔는데도 미래가 여전히 암울하냐고 말이다.

사실 이들은 자기계발이란 걸 해본 적이 없는 사람들이다. 자기계발이란 일종의 '목숨을 건 도약'이다. 이것은 마르크스의 표현으로, 상품을 만들어 판다는 것이 사회적 수요가 있을지 없을지를 모르는 상황에서 이루어지는 결단이라는 걸 지적하는 맥락에서 나온 말이다. 자기계발도 마찬가지다. 자기가 좋아하는 일을 하기 위한 준비를 하되 그 준비 상태와 능력을 평가하는 것은 그것을 필요로 하는 사회다.

공자가 '위인지학(爲人之學, 남에게 보이려는 학문)'을 하지 말고 '위기지학(爲己之學, 자신을 위한 학문)'을 하라고 한 것도 이런 맥락에서 새롭게 이해할 수 있다. 진정한 자기계발은 자기 내면이 원하는 걸 하는 것이다. 다만 그 자질을 얼마나 필요로 하는지를 사회가 결정할 뿐이다. 그래서 개인의 욕구와 사회적 필요를 조화시키는 장치(일종의 문화)가 필요하다.

자기 멋대로 '사회가 이런 걸 필요로 하겠지.'라고 생각하고 준비했는데 사회가 그것을 인정하지 않는다며 사회 탓을 하는 건 말이 안 된다.

그것은 개인적 투기를 사회가 책임지라고 하는 것과 하등 차이가 없다. 교육의 공공성 의제가 나와야 하는 건 바로 여기에 있다. 모두가 취업 준비를 위해 스펙을 쌓으려고 노력하는데, 정말로 그 스펙이 우리 사회가 필요로 하는 자질인지에 대해서 제대로 검증하고 책임지는 시스템이 없다. 그러니 교육은 개인적인 투기의 경쟁이 될 뿐이고 사회적으로 필요한 자질과 능력을 길러서 제공하는 역할을 하지 못하고 있다.

::::::: 개혁 드라이브의 실패

　수능과 논술 도입의 사례에서 살펴보았듯이 종종 착상은 올바르더라도 교육당국, 학교, 학생, 학부모 들이 서로 다른 곳을 바라보며 각자 질주를 하면 잡음이 생긴다. 최근 일련의 대학개혁의 시도가 강력한 저항에 맞닥뜨리게 된 것은 같은 관점을 공유하지 못한 상황에서 강력한 드라이브가 걸렸기 때문이다. 두산그룹의 중앙대 개혁과 서남표 총장의 카이스트 이야기다.

　서남표 총장이 생각하는 카이스트는 각 분야의 최전선에서 글로벌한 경쟁을 하는 이공계 연구자들을 길러내는 교육기관이다. 서 총장의 기본적인 발상은 이 목표를 위해 학생들에게 좀 더 많은 부하를 걸어서 더 큰 목표에 도전하도록 자극해야 한다는 것이었다. 하지만 추진목표와 과정을 공유하는 의사소통에 실패하는 바람에 저항이 만만치 않았다.

게다가 등록금 전액 면제인 학교에서 학점이 일정 수준에 미달되면 등록금을 받겠다는 징벌적 등록금제도의 도입으로 인한 폐단이 너무 컸다. 특히 카이스트는 과학고나 특목고 졸업생만 입학을 허가했던 관행에서 벗어나 몇 년 전부터 전문화고와 일반고 출신 학생들도 입학사정관제도로 선발했다. 그러나 그들을 뽑아놓고는 부진한 기초학력을 따라잡을 수 있도록 배려하는 섬세함이 부족했던 게 문제였다. 적응하지 못한 학생이 자살을 한 것이다. '이공계 학문에서의 글로벌 경쟁'이라는 화두를 잡았지만 추진과정이 매끄럽지 못해서 실패한 케이스라고 정리할 수 있다.

두산그룹이 재단을 인수한 중앙대의 경우엔 시장수요에 맞춘 실용적 교육이라는 화두를 내걸었다. 박용성 이사장은 기업 경영인의 경험을 바탕으로 대학교육의 문제를 사회적 현실의 요구와 유리된 상아탑의 관성이라고 본 듯하다. 그는 백화점식 학과를 정리해서 생산현장에서 필요로 하는 실무형 인재를 대학에서 길러내겠다는 야심을 갖고 매우 획기적인 구조조정안을 내세우고 있는데 이 또한 대학 안팎에서 저항이 만만치 않다. 일단 통폐합되는 학과 학생들과 교수의 반발이 있는가 하면 대학이 학문 연구의 전당이어야 한다는 인문주의적 이념을 지지하는 지식인들이 연대해 반대하고 있기도 하다.

하지만 현실적으로 대학이 취업준비기관으로 변모하고 있는 게 사실이라면 사회적으로 필요한 인재를 필요한 만큼 길러내는 것을 목표로 삼겠다는 발상이 그리 무리한 것은 아닐 것이다. 게다가 학문 연구라는 인문주의적 정신을 이유로 이 개혁 방향에 비판적인 사람들은 우리 대학의 학문 연구가 얼마나 사회와 유리되어 있는지에 대해서도 그만큼 고민을 해야 할 것이다.

사실 이러한 개혁은 당사자들의 이해관계의 조정에서 실패했을 뿐, 사회적으로 그 대의가 비판의 대상이 될 만하지는 않다. 오래전부터 모든 종합대학들이 비슷비슷한 성격을 갖고 있어서 대학이 일렬로 서열화되는 경향을 누구나 비판해왔고 그 대안으로 각 대학의 특성화와 전문화를 꼽은 전문가들이 많았다. 그런 관점에서 보면 카이스트와 중앙대가 각기 자신의 특색을 더 강화시켜서 차별화를 내세운 것은 우리나라 대학교육 전반에 있어서 매우 바람직한 현상이라고 해야 할지도 모른다.

하지만 교육을 둘러싼 논쟁에서는 누구나 자신의 이익을 주장하며 현재의 혹은 기대되는 이익을 포기하지 않으려 한다. 당연한 일이겠지만 그로 인해서 사회시스템 전반을 보고 고민하는 담론이 너무나 아쉬운 게 사실이다. 잡음도 있고 문제도 많겠지만 서남표 총장과 박용성 이사장과 같은, 차별화를 위한 개혁 드라이브가 그렇게 더 큰 담론과 깊은 고민으로 이어져야 하지 않을까. 적어도 이들은 '사회에서 이러한 인재와 능력이 필요하니 우리 대학은 그러한 능력을 갖춘 인재를 제공하겠다'는 고민을 한 사람들이기 때문이다. 대학개혁의 논의란, 그리고 더 나아가 교육시스템 전반에 대한 논의란 이런 방향을 전제로 해야 하는 것이 아니겠는가.

답을 찾기 위해서는 문제를 다르게 보자

반값 등록금을 비롯해서 우리나라에서 교육문제를 바라보는 시각에 대해 자꾸 비판적인 칼날을 들이대는 이유는 다들 자기 생존만을 내세워 말하고 있기 때문이다. 각자가 생존에 맹목적일 때 공동체는 무너지고 만다. 각자가 행복하면서 모두가 함께 만족하는 체제를 고민하는 것이 해답이지 각자의 생존을 화두로 삼아서는 답이 나오지 않는다.

산업화 시대의 논리를 따르는 억압적인 체계에서 개인적인 생존을 화두로 삼으면 체계의 혁신도 없고 창의적인 인재도 나오지 않는다. 튀거나 문제를 일으키지 않고 현 상태를 유지하며 따르는 것이 그 내재적인 규율이기 때문이다. 모두가 조용히 다수가 가는 주류의 길을 가면서 자신의 생존을 도모하는 것이 우리나라의 교육현실이다. 같은 길에서 남보다 앞서는 차별화만 있지, 남과 다른 길을 가는 차별화는 두려움의 대상이 될 뿐이다.

이런 상황에서 국가재정으로 등록금 부담을 줄여주는 것은 대학생이라는 특수한 집단의 이익을 위해 공공의 재정을 소모하는 특혜가 될 뿐이다. 등록금을 대폭 줄여주는 대신 대학을 구조조정해서 사회적 수요가 많은 분야로 학생들을 몰고, 수요가 부족한 학과는 통폐합해서 규모를 줄이겠다고 하면 과연 사회적 동의를 얻을 수 있을까.

지금까지 언급하지는 않았지만 대학등록금 논란의 숨은 문제는 따로 있다. 부패하거나 장사에 치중하는 사학재단들이다. 교수 자리를 돈을 받고 파는 대학, 정년보장의 정교수 직위를 남용해서 연구실적이 전혀 없는 교수들을 양산하는 대학, 재단재정을 키우는 것이 운영의 최우선 목표인 대학, 이사들이 공금을 유용하거나 자신의 개인사업인 것처럼 재단사업을 전횡하는 대학 등 일부 사학재단의 뿌리 깊은 문제들이 질 낮은 교육과 높은 등록금의 문제를 야기한 원인 중 하나인 것은 사실이다.

반값 등록금의 이슈화를 통해서 사학재정 투명화를 이루어야 한다는 주장이 나오는 것은 바로 그 때문이다. 부패하거나 무능한 사학재단은 반값 등록금과 무관하게 언젠가는 손대야 할 오래된 환부가 맞다.

하지만 높은 등록금으로 사업을 확장하고 현금 보유를 늘이고 있는 일부 사학재단의 경우엔 할 말이 있다. 대학과 대학생의 수가 엄청나게 늘어나는 동안 대학의 규모가 비대해졌는데 앞으로 몇 년 사이에 학생 수가 3분의 2 수준으로 급감할 예정이다. 장기적으로는 절반 수준으로 떨어질 것이다. 그러니 이제는 축소와 생존을 준비하며 긴축재정을 해서 재정을 튼튼하게 만들어둬야 한다는 것이 사학의 논리다. 대학의 입장에서 보자면 존립을 위해서라도 등록금을 대폭 낮춘다는 게 불가능한 상황이기도 한 것이다.

이런 상황에서 반값 등록금 문제의 해법을 찾으려니 참으로 어렵다. 다들 자기의 생존이 걸려 있는 문제이기 때문이다. 이런 이해관계의 충돌을 조정하고 단기적인 해법을 찾는 것은 정치권의 과제로 남겨두고 보다 근본적인 원인을 고민해야 할 필요가 여기에 있다.

복잡하게 얽힌 매듭처럼 시작과 끝을 분명히 짚기 어려운 게 우리나라의 교육문제다. '현재 대학생들의 취업 문제를 어떻게 풀 것인가?' 하고 물으면 답이 나오질 않는다. 보다 근원적으로 앞으로 계속 생겨날 이 문제를 어떻게 해소할 것인가를 물어야 한다. 그것은 '우리 사회가 어떤 인재를 필요로 하는가', '그 인재를 어떻게 육성할 것인가'라는 질문에 달려 있다.

놀랍게도 그 답은 대학이 아니라 고등학교교육에서 찾아야 한다. 그
리고 진학교육이 아닌 조기취업을 위한 중등직업교육에 답이 있다.

제2장

기업들이 고졸 실무 전문가를 원하는 진짜 이유

'단군 이래'라는 표현이 유행한 적이 있다. 원래는 상대방을 비판하기 위한 정치적 수사에서 시작되었지만 돌아보면 오늘날의 우리나라 사회에 이런 표현이 안 들어맞는 것이 없는 듯하다. 단군 이래 이렇게 물가가 비싼 적이 없었고 단군 이래 이렇게 인구가 많았던 적도 없었다. 물론 단군 이래 가장 풍족한 생활을 하고 있는 시대이기도 하지만 말이다.

학원가에서는 오늘의 학생들이 '단군 이래 가장 공부를 많이 하는 세대'라고 한다. 교육열이 높은 중산층이 몰려 있는 지역에서 아이들이 어떻게 공부하는지 구체적으로 살펴보자.

일단 영어 유치원에서부터 시작해서 어릴 때 악기나 운동을 배우는 것은 필수다. 아이가 박세리가 될지, 김연아가 될지, 사라 장이 될지 모르는 일이니 숨겨진 재능을 발견하려면 뭐든 한 번쯤은 배워봐야 한다. 초등학교 저학년 때는 가정방문 학습지로 공부를 하고 초등학교 고학년부터 본격적인 학원수업을 시작한다. 이과생이라면 이때부터 선행학습으로 경시대회를 준비하고 문과생의 경우 유학을 가면 좋지만 상황이 여의치 않으면 방학 중 어학연수라도 간다. 국제중학교나 과학중학교처럼 특수한 학교에 갈 후보들은 초등학교 고학년이 될 때쯤 대충 정해진다.

중학교 때부터는 외국어고등학교나 과학고등학교를 목표로 경시대회와 특별활동(최근에는 '창의적 체험활동'이라고 한다)으로 포트폴리오를 만들어간다. 여기에서 떨어지면 어쩔 수 없이 일반고등학교에서 남과 똑같이 공부하는 수밖에 없다. 민족사관학교나 과학고등학교라면 외국 유학이나 조기진학을 노릴 수도 있지만 일반고등학교에서는 좀 어렵다. 앞서 가는 게 힘드니 다수와의 경쟁이 있을 수밖에 없다.

누구나 학교에서 수업 듣고 자율학습하고 학원에 가고 인강(인터넷 강의)을 듣는다. 포트폴리오를 위해 각종 체험학습에 등록·참여하는 것은 물론이고 리더십을 기르기 위해 반장이건 동아리 회장이건 어느 단체의 간부를 맡아야 한다.

논술학원을 다니지 않더라도 어느 학교나 글쓰기 및 독서를 배울 수 있는 과정이 있다. 그 과정에서 필독도서라고 추천하는 책들은 어느 정도 섭렵해야 한다. 동서양의 고전은 다이제스트로 때우더라도 베스트셀러가 된 양서들은 직접 읽는 수밖에 없다. 수능 점수만으로 대학을 가는 게 아니라 학교나 학과에 따라서는 논술도 해야 하고 면접도 봐야 한다. 그러니 말하기나 글쓰기 훈련을 안 할 수가 없다.

게다가 학생들은 학교에서 공부만 하는 게 아니다. 취향에 따라 다르긴 하겠지만 또래들과 어울리기 위해서는 아이돌 그룹도 알아야 하고 화제가 된 영화나 TV 프로그램도 봐야 한다. 이런 걸 다 하고 살려면 정말 '시간이 없다'.

사정을 잘 모르는 사람들은 명문대를 가는 상위권 학생만 이렇게 하는 게 아니냐고 생각할지도 모르겠다. 그러나 이는 수도권 지역에서는 일반화된 양상으로 공부를 잘하건 못하건 다들 이렇게 한다. 그 내용과 밀도에서 차이가 날 뿐 대세를 따르는 게 관행으로 자리 잡혔기 때문이다. 교육투자에 관한 한 모두가 남들을 따라 하기 때문에 '상향 평준화' 되는 경향이 있는 것이다.

게다가 알다시피 우리나라의 인문계 고등학생이라면 당연히 누구나 대학에 갈 수 있다. 단지 성적에 따라 대학과 학과의 좋고 나쁨만 차이가 날 뿐이다. 사실상 대학을 포기하는 학생은 거의 없는 실정이다.

그런데 이런 상황이 대학생이 되었다고 해서 달라지지는 않는다. 요즘에는 과거에 '대학 가면 하게 되는 일'이라고 생각했던 일들을 이미 중고등학교 시절에 즐기고 있다. 이성교제라든가 술이나 담배 같은 '어른들의 일' 말이다. 조금 더 자유로워진다는 것뿐 대학에 와서 처음으로 겪는 일은 아니란 이야기다. '집을 떠나서 사는 것' 정도를 제외하면 대학교의 생활은 고등학교 생활의 연장이다. 특히 실험과 실습 등 부하가 많은 이공계는 더욱 그렇다.

생활의 확대로 인해 씀씀이는 커지는데 대학등록금도 만만치 않으니 중산층 이하 가정의 학생이라면 아르바이트를 하는 게 미덕이다. 그러다 보니 과거처럼 동아리활동이 대학생활에서 차지하는 비중이 높지 않다. 참여할 학생이 없기 때문이다. 학생회도 그렇고 동아리도 그렇고 사람 구하기가 쉽지 않다. 대학에 와서도 고등학교 때처럼 계속 성적관리하고 스펙 쌓는 것의 연속이다. 틈틈이 아르바이트로 용돈도 벌고 놀러 가고 연애도 한다. 고등학교 때까지 '대학진학'이 머리를 짓누르고 있었다면 대학에 입학하는 순간부터 '취업'과 '일자리'가 머리를 짓누른다.

'학문'이라는 공부에 뜻이 없더라도 취업을 위한 공부는 해야 한다. 자격증이나 채용시험 대비 공부를 하는 경우가 아니더라도 하다못해 영어와 일본어 등 외국어 공부라도 해야 한다. 전공이 직업과 연결되는

경우라면 다행이지만 그렇지 못한 경우(인문대를 나와 일반 회사에 취직하는
경우)라면 최소한의 노력으로 학점을 관리하며 자신이 사회에 나갔을 때
필요한 스펙을 쌓아 두는 게 더 중요하다. 학교 이름 덕을 볼 수 없는 경
우라면 더더욱 그렇다.

　대학 재학 기간 동안 불철주야 노력해서 취업을 하면 공부가 끝일까. 서점에 가서 '공부'라는 제목이 붙은 자기계발서들을 살펴보라. 10대, 20대, 30대, 40대, 나이별로 어떤 '인생 공부'를 해야 하는지 로드맵을 그려주는 책들이 잔뜩 쌓여 있다. 어떤 책은 "공부하다 죽어라."라고까지 말한다.

　물론 이것은 앞에서 말했다시피 우리가 살고 있는 탈산업 정보사회의 특징 때문이기도 하다. 너무나 빠르게 지식사회가 변화하기 때문에 끊임없이 새로운 것을 익혀 나가지 않으면 미래에 적응할 수가 없는 것이다. 하지만 그것만이 전부가 아니다. 학생들은 사회, 그러니까 일을 하고 돈을 버는 세상에 나가서야 비로소 자신들이 배운 게 거의 없다는 사실을 깨닫게 된다. 사회의 관점에서 보자면, 학생들이 사회에 들어온 후에 그들이 사회에서 일할 준비가 거의 되어 있지 않다는 걸 알게 된다고 말할 수도 있겠다. 다시 말해 그동안 '헛공부'를 했다는 걸 학생과 사회가 동시에 알게 된다는 것이다.

공부를 많이 한 것과 '일을 잘하는 것'은 전혀 다른 차원의 문제다. 지식을 이해·암기한 후 이해도와 기억력을 측정하기 위해, 순전히 '학교 교육의 관점'에서 만들어진 시험문제들을 푸는 능력은, 우리가 현실에서 맞닥뜨리는 문제들을 파악하고 해결하는 능력과는 거의 무관하기 때문이다. 대한민국 남성들 중 군대를 갔다 온 사람이라면 사회에서 아무리 똑똑하던 사람들도 신병이 되는 순간 바보가 된다는 사실을 겪어서 잘 알고 있을 것이다. 회사에 처음 들어간 신입사원들도 대부분 그렇다.

학교 공부는 하면 할수록 지식이 늘어나지만 '바보'가 될 가능성이 높다. 앞에서 말했듯 '훈련된 무능 현상'이 나타나기 때문이다. 게다가 '남보다 공부를 잘했다'고 생각해 자신의 능력에 자신감이나 자부심을 갖고 있는 경우, 낯설거나 새로운 직무 상황에서 실수를 범할 때 더 크게 당황하거나 잘못된 판단을 내릴 위험이 더 높아진다. 자신이 이미 많은 것을 알고 있다고 생각하는 사람일수록 순발력과 융통성이 떨어지는 것이다.

앞에서 똑똑한 학생과 우수한 학생을 구별했지만, 다시 똑똑한 사람과 일 잘하는 사람도 다르다는 걸 강조하고 싶다. 우리 사회는 공부에 대한 강박을 심어주는 데는 성공했지만, 진짜 공부를 하는 법을 가르쳐 주지는 못하고 있다.

앞에서 우리나라 사회의 거대한 착시를 이야기했는데 지금 말하려는 착시는 세계 공통의 것이다. 바로 '학교에서의 성취를 재능과 동일시하는 것'이다. 학교 공부에서의 성취도가 곧 그 사람이 갖고 있는 일반적인 지능이나 능력을 보여주는 지표라고 믿는 것이 학교와 사회를 실질적으로 유리시키고 있는 거대한 간극이다.

일단 IQ(지능지수)에 대한 오해부터 짚어보자. 지능지수를 최초로 고안한 사람들은 100년 전, 흑인과 유태인의 지능은 낮고 백인의 지능이 높다는 선입견을 가진 채 지능지수 테스트를 만들어냈다. 흑인과 유태인이 많이 맞춘 문제들을 제거하고 백인들이 많이 맞춘 문제들의 신뢰도를 더 높게 평가한 것이 지능지수 테스트 문항을 개발한 방식이었다. 처음부터 과학적 근거가 없는 편견의 산물이었다는 얘기다.

그 뒤로 많은 개선이 이루어진 건 사실이지만 모든 심리학 전문가들이 일반적으로 동의하는 지능지수의 검사 기준이란 존재하지 않는다. 지능지수가 높은 사람들의 모임인 멘사에서는 그림을 보고 추론하는 능력만을 검사하지만, 다른 종류의 지능지수 테스트는 언어로 된 설명을 포함시키기도 한다.

가장 일반적인 정의를 말하자면 (인간뿐만 아니라 동물도 갖고 있는) 지능이란 '문제를 해결하는 능력'을 말한다. 달리 말하면 어떤 종류의 문제냐에 따라서 다양한 지능을 말할 수 있다는 것이다. 비교적 최근에 인지심리학자 하워드 가드너는 언어 이해와 사용, 공간의 기하학적 지각, 사회적인 공감능력 등 인간의 지적 능력을 8개의 범주로 쪼개어 다중 지능의 개념을 사용하자는 제안을 했다. 이 또한 왜 범주가 8개여야 하냐는 의문에 모두가 만족할 만한 답을 내놓은 것은 아니다. 그러나 지능의 다양성에 대해 논의를 발전시킨 중요한 제안이다.

인간의 지능은 매우 복잡하고 다양한 측면을 갖고 있다. 같은 유형의 지능이라도 상황과 맥락에 따라 전혀 다른 성과를 보인다. 이 점을 이해하는 게 중요하다. 이에 대해서는 극적인 실험 사례가 있다.

브라질에서 학생들을 대상으로 수학적 사고능력을 평가하는 실험을 한 적이 있다. 그런데 길거리에서 물건의 개수와 가격 계산을 잘하던 학생들이 교실에 들어와 비슷한 유형의 수학 문제를 풀 때는 답을 잘하지 못했다. 이 실험 결과는 매우 충격적이다. 달리 말해 계산능력이라는 '수학적 지능'이라는 것조차 상황과 맥락에 따라서 다르게 나타난다는 뜻이다.

우리가 '공부를 잘한다'고 하는 것은 학교 교실이라는 매우 특수한 상황에서 '학교 시험'이라는 특수한 형태로 측정한 매우 좁은 영역의 지식과 지능이 우수하다는 것을 말한다. 교실에서는 아무리 복잡한 지문으로 주어진 난해한 언어영역 문제도 척척 풀던 학생이 간단한 대화 상황에서는 상대방의 말을 이해하지 못하는 경우를 볼 수 있다. 반대로 대화에서 재치 있는 입담을 보이던 학생이 시험에서는 전혀 좋은 점수를 받지 못하는 경우도 흔하다.

이렇게 본다면 학교에서의 성취가 높다고 해서 사회에서, 혹은 구체적인 직업의 현장에서 필요로 하는 능력을 일반적으로 갖추고 있을 거라고 생각하는 게 큰 오해라는 것을 알 수 있다. 그러니 '우수한 학생들을 선발했는데 인재가 없다'는 현상이 벌어지는 것이다.

경쟁이 아니라 협력
- 실패한 인성교육

학교교육이 인재를 길러내지 못하는 메커니즘의 또 다른 허점이 있다. 공부는 혼자 하지만 일은 혼자 하지 않는다는 것이다. 그러니 '같이 일하는 능력'은 학교에서 배우기 힘들다.

학교를 다니는 동안 학생들은 대부분 공부를 경쟁으로 받아들인다. 학생들만 그렇게 느끼는 것이 아니다. 교육시스템 전체가 '공부=경쟁'이라는 마인드 위에 설계되어 있다. "네가 조는 사이에 경쟁자의 책장은 넘어가고 있다."라는 식의 협박성 문구가 교실에 걸려 있는 건 보기 드문 풍경이 아니다.

선호하는 학교와 학과는 부족하고 가려는 사람들은 많으니 당연히 경쟁으로 등수를 나누고 합격과 불합격을 결정할 수밖에 없다. 그러니 아주 어릴 때부터 '밀어내지 못하면 내가 떨어진다'는 생각을 철저히 주입시키며 채찍질을 하게 된다. 함께 공부하는 친구들도 결국 전교 등수를 놓고 밀치기 싸움을 벌이는 경쟁자들일 뿐이다.

물론 여러 방법으로 협력을 가르친다. 반 대항이나 동아리 단위의 각종 행사를 통해, 혹은 조별 과제를 통해서 말이다. 하지만 이것도 기본적으로는 집단적 경쟁을 전제로 한 것이다. 그래서 조별 과제를 배당할 때 도움이 되지 않을 것 같은 조원을 기피하거나 대놓고 교사에게 항의를 하는 일이 벌어진다. 아무리 조별 협동을 배우라는 취지였어도 학생들에게 조원이란 서로의 점수를 담보로 잠시 타협하는 경쟁자들이기 때문이다. 즉 기본적으로 공부라는 것이 경쟁인 한 학생들은 협업이나 협력의 원리를 몸에 익힐 수가 없게 되어 있다.

역설적인 것은, 이것이 학습의 원리와는 상충된다는 것이다. 경쟁이 아니라 자기성취도를 기준으로 할 때 학생들의 학습 효율이 더 올라간다. 먼저 선행학습을 한 학생이 이해도가 낮은 친구에게 강의식으로 설명하거나 질의응답을 통해 공동학습을 하는 경우 가르친 쪽과 배운 쪽 모두의 학습성취도가 더 올라가는 현상이 나타난다.

하지만 우리나라 교실에서는 보기 힘든 광경이다. 이해가 빠른, 그러니까 공부를 잘하는 학생은 다른 학생의 점수를 올려주기 위해 자기 시간을 빼앗긴다고 생각할 것이기 때문이다. 이기적인 경쟁이 삶의 토대가 되어 있기에 그렇다.

하지만 일의 세계는 그렇지 않다. 때론 경쟁해야 하지만 기본적으로 협력과 협업이 더 우선한다. 더 냉정하고 합리적인 세계이기 때문이다. 철학자, 수학자, 정치학자, 게임이론가 들은 '죄수의 딜레마'라는 문제를 풀면서 논리적으로 '신뢰와 협력'이 더 합리적인 이유를 증명하려고 애를 썼다. 하지만 인간은 오랜 사회생활을 통해서 신뢰와 협력이 더 효율적이라는 사실을 깨닫고 있었다. 게다가 혼자서 할 수 없는 일들을 회사라는 조직을 통해서 하는 것이기 때문에 조직의 구성 원리상 경쟁이 아니라 협력이 기본 바탕이 될 수밖에 없다.

이런 측면에서 보면 학교에서 공부를 잘한 학생일수록 조직에는 맞지 않는 인간형일 가능성이 높다는 추측이 가능하다. 경쟁시스템에서 남들을 짓밟고 올라서는 것에 익숙해져 있는 유형이기 때문이다. 그 개인은 뛰어난 능력을 갖고 있지만 조직 속에서 그 능력을 발휘하는 방법을 전혀 배우지 않고 자란 것이다.

점점 더 높아지는 인재의 필요성

여기까지는 학교가 인재를 길러내지 못하는 일반적인 구조다. 여기에 최근에는 인재의 필요성을 더 절감하게 된 사회가 인재에 대한 갈증을 더 크게 느끼게 된 상황이 덧붙여지고 있다. 이 점을 설명하기 위해서는 약간의 비유가 도움이 될 것 같다.

기업이 중심이 된 경제를 흔히 생태계에 비유하곤 한다. 특히 다국적 기업이나 거대 재벌은 공룡으로 묘사한다. 잘 알다시피 공룡은 몇 억 년 전에 땅과 바다 그리고 하늘을 지배했던 지구의 진짜 주인이었다. 작게 는 수십 센티미터에서부터 수십 미터에 이르는 거대한 종들이 많았다. 이 거대한 파충류들이 먹이그물의 위아래를 모두 장악하며 전체 생태계를 좌우하다 어느 날 갑자기 모두 멸종해버린 사건은 생명의 역사에서 가장 신비롭고 경이로운 한 페이지로 남아 있다. 하늘에서 떨어진 거대한 운석으로 인해 지구 전체가 재앙을 맞았고 급작스럽게 바뀐 환경에 적응하지 못해 사라져버린 것이다.

아무튼 공룡들이 아직 활발하게 활동하던 시기에 그들의 발밑에서 생겨나 조금씩 수를 넓히고 있던 것이 쥐새끼 크기의 작은 포유류들이었다. 이들은 전 지구를 휩쓴 환경 재앙에 적응해 살아남아 공룡이 사라진 뒤에도 수천 만 년 동안 번성해 지구의 생태계를 지배하게 된다. 우리는 공룡의 틈바귀에서 살아남은 이 작은 생명의 후손이다.

이 생명의 역사가 기업의 역사와 유사한 점은 무엇일까. 전 지구적인 시장경제의 성립, 즉 지구화가 진행되면서 기업의 인수합병이 활발해지고 부익부 빈익빈, '승자가 모든 것을 갖는' 잔혹한 경쟁이 더 가속화되었다. 그러면서 마치 공룡과 같은 거대 기업들이 경제의 전 영역을 지배하는 상황이 벌어졌다. 거대 금융기업, 거대 석유회사, 거대 농산물유통사, 거대 출판사 등.

이런 현상이 강화되던 시기에 나온 발상이 벤처기업이다. 블루오션, 아직 지배자가 없는 영역에 들어가는 생존전략은 이 바다가 사라지면 불가능하다. 하지만 공룡의 틈바귀에서 작은 포유류의 조상이 살아남

았듯이 작은 벤처기업들은 그 나름의 생존전략을 짜는 것이 가능하다. 공룡처럼 거대해진 기업들은 바뀐 환경에 적응하기 힘들 것이니 적응력이 강한 작은 기업들이 살아남을 것이라고 예상했다.

하지만 현실은 전혀 다르게 진행되었다. 대기업은 스스로 혁신을 만들어내는 대신 성공한 벤처기업을 사들여 흡수함으로써 바뀌어가는 환경에 적응하기 시작했다. 작은 아이디어로 조금 더 큰 성공을 거두는 벤처기업의 신화는 그래서 10년을 버티지 못하고 사라졌다. 공룡과는 달리 거대 기업들은 훨씬 더 영리하고 강했던 것이다.

그런데 벤처버블이 사라진 후 진짜 새로운 강자들이 등장하기 시작했다. 이들의 전략은 '바뀐 환경에 적응해 살아남는' 것이 아니라 공룡을 강타했던 우주의 운석처럼 '생태계 자체를 바꿔버리는' 전략이었다.

대표적인 예가 컴퓨터 회사에서 전자기기 및 통신기기 회사로, 더 나아가 앱(어플리케이션) 판매유통 회사로 탈바꿈한 애플이다. 또 다른 예로는 모든 것을 다 합치는 포털이 극성을 부릴 때 가장 단순하면서도 강력한 검색환경을 제공함으로써 검색엔진과 포털의 웹 생태계를 바꾸어버린 구글이 있다.

이런 환경 속에서 대기업은 모든 걸 잡아먹으며 살아남는 공룡이 아니라 끊임없이 진화하는 '생태계 자체'가 되어버렸다. 그러니 이제는 생태계를 바꿀 아이디어를 내놓을 인재가 필요하다. 과거의 대기업은 각 부서에서 주어진 일을 성실하게 수행하는 거대한 관료조직과도 같았다. 하지만 과장해서 말하면 이제는 모든 부서의 모든 사람들이 끊임없이 새로운 아이디어를 내놓지 않으면 안 되는 시대가 되었다.

그런데 학교교육은 이러한 시대적 요구에 부응하는 인재들을 내놓지 못하고 있다. '판을 바꾼다'는 것, 혹은 '규칙을 바꾼다'는 것은 학교에서 기르기 어려운 형태의 재능이자 지능이기 때문이다. 철학자 칸트는 규칙을 새롭게 만드는 능력이야말로 '천재성'이라고 했다. 이건희 회장이 말한 '10만 명을 먹여 살리는 한 사람'이란 이렇게 새로운 규칙, 새로운 질서, 새로운 생태계를 구상할 수 있는 능력을 갖춘 자다. 하지만 이런 인재를 학교는 내놓지 못한다.

사회는 자신들이 어떤 인재를 필요로 하는지는 알지만, 그런 인재를 어떻게 길러낼 수 있는지는 알지 못한다. 스티브 잡스니 빌 게이츠니 하는 롤모델을 끊임없이 연구하고 설명하는 책들이 나오지만 왜인지 그 해법은 전혀 엉뚱한 곳에서 찾고 있다. 아마도 사회가 '교육'의 원리와 현실에 대해 잘 알지 못하고 있기 때문일 것이다. 그러다 보니 인재담론이나 교육담론에서는 뜬구름 잡는 탁상공론만 나오고 있다. 그 대표적인 것이 융합이니 통섭이니, 혹은 인문교육이니 하는 것이다.

먼저 '융합', '통섭'이라는 구호부터 검토를 해보자.

사실 융합이나 통섭이라는 대의의 문제의식은 매우 올바른 것이다. 우리가 알고 있는 대학의 학과 구분은 기본적으로 19세기 서구의 대학에서 만들어진 제도를 토대로 하고 있으며 이것은 대략 17~18세기에 이루어진 학문의 발달에서 비롯된다.

수학을 토대로 하는 자연과학이 순수 자연과학과 응용기술 분야인 공학으로 나뉘고, 사회에 대한 객관적인 탐구를 목표로 하는 사회과학과 인간의 주관적인 자기인식을 (문헌을 통해) 연구하는 인문학으로 나뉜다. 이를 기반으로 하위 분과들이 있으며 이 분류에 포섭되지 않는 법학, 의학의 학부가 따로 존재하는 게 일반적이다.

그런데 지식과 사회의 발달은 현장에서 이러한 구분을 무의미하게 만들고 있다. 어떤 학문 분야의 고유한 대상에 다른 학문의 접근법을 도입해야 하는 일이 너무나 많기 때문이다.

예를 들어, 전통적으로 인간의 몸과 건강에 (생)화학에 기초한 생리학적 접근을 시도하던 의학이 물리학과 수학(통계학)을 받아들이면서 새로운 지식이 늘어난다. 대표적인 것이 건강한 사람의 심장박동이 불규칙한 (카오스적인) 패턴을 가지며, 심장박동이 규칙적일수록 심장마비의 위험이 높다는 걸 밝혀낸 물리학자들이다. 이로 인해서 인공심장박동기는 새로운 프로그램을 갖게 되었다. 또 20세기 말의 가장 위대한 과학적 진보 중 하나인 인간게놈프로젝트 역시 컴퓨터프로그래밍과 수학의 도움이 없었다면, 그리고 미시적인 세계를 들여다보는 정밀기술의 도움이 없었다면 불가능했을 것이다.

이런 상황에서 전통적인 생명과학과 컴퓨터공학, 물리학, 수학의 학과 구분을 강조하는 것은 무의미하다. 그러니 '다른 학문의 전공자들'이 같은 연구실에 모여서 공동의 프로젝트를 수행하는 일이 빈번해질 수밖에 없다. 그리고 아예 인지과학이나 생태학 같은 신생 학문의 경우에는 기존의 어떤 학과에도 포섭되지 않으면서 여러 학과에 걸친 지식을 필요로 한다. 기존의 학문 분과로는 새로운 필요에 적절히 대응하지 못하는 것이다.

그러니 한 전공 분야의 기초 단계에서 너무 많은 지식을 배우는 대신, 다른 분야의 지식과 접목시키는 크로스오버를 시도하도록 권장하는 변화가 일어났다. 대표적으로 서울대의 경우를 보면 1970년대라면 169학점을 들어야 졸업이 가능했던 것이 1990년대에 와서는 120학점만 들으면 졸업이 가능하도록 제도가 바뀌었다. 그 늘어난 여유시간에 놀라는 게 아니라 자기계발을 하고 다른 분야를 접하라는 뜻이다. 그런데 학문은 바뀌지만 사람과 제도를 바꾸는 건 쉬운 일이 아니다. 학과를 통폐합하는 일은 당장 학생과 교수들의 이해관계와 충돌한다. 서로 다른 전공 사이에 주도권을 놓고 싸움을 하는 일도 벌어진다. 이런 학문 세계의 문제를 해결하기 위해 나온 말이 융합이니 통섭이니 잡종이라는 개념들이다.

그런데 이 개념들이 마치 사회에서 필요한 인재육성의 일반적인 원리인 양 호도되면서 오해가 벌어졌다. 실제로 융합형 인재를 필요로 하는 사회의 요구를 따른다면 단순히 여러 학과를 합치는 것이 융합의 본령은 아니다. 대학의 학과가 학문의 역사에 따른 분류가 아닌, 실제 현실에서 필요로 하는 지식 분류에 맞춰 구조조정되어야 한다는 뜻이다.

단순히 기존의 학과 체계의 질서를 존중하면서 그들끼리 협업을 하도록 격려하는 게 융합이라면 이것은 연구의 방법론일 뿐 인재양성의 원리는 아니다. 즉 기존의 학과 체계를 해체하고 사회의 실제적 필요에 맞게 새롭게 학과를 재편하는 게 융합이라는 것이다. 그러나 두산그룹의 중앙대 개혁이 저항에 부딪친 사례에서 알 수 있듯이 대학사회는 이러한 혁신적인 변화를 받아들일 준비가 아직 되어 있지 않다.

 인문학이 살 길인가

사실 융합형 인재란 말의 이면에는 '새로운 상상력을 가진 사람'이라는 뜻이 담겨 있고, 현실에서 그 말을 해석하자면 조직을 혁신하거나 새로운 상품의 아이디어를 내놓을 실용적인 인재를 의미한다. 앞서 말했다시피 기존에 해오던 것을 잘하는 재능으로는 새로운 것을 내놓지 못하므로 '기존에 해오던 방식이 아닌 다른 것'을 찾으려는 막연한 직관이 융합이니 하는 말로 표현되는 것뿐이다. 같은 단어를 쓴다고 같은 뜻이라고 오해하면 안 된다. '현실에서 요구하는 융합'이라는 말의 맥락과 '대학에서 말하는 융합'의 뜻은 전혀 다르다.

비슷한 것이 바로 '인문학'이다. 경영담론에서 '인문정신', '인문적 상상력'을 강조할 때의 '인문'과 대학에서 말하는 '인문학의 고사'라고 할 때의 '인문' 역시 서로 전혀 관계가 없다. 하지만 이걸 알지 못해 웃지 못할 오해가 생기곤 한다. 대표적인 것이 애플의 CEO 스티브 잡스가 '인문학을 강조'했다는 언론의 보도였다.

잡스는 대학중퇴자로 유명한데 대학에서 청강으로 꾸준히 들었던 '서예' 수업이 생애 최고의 수업이었다고 강조하곤 했다. 세세한 부분까지 신경 써서 글자체를 만들어야 하는 서예(캘리그래피)의 훈련에서 디자인에 대한 미적 감각을 기를 수 있었다는 것이다. 그는 이런 요지의 말을 하며 '리버럴 아츠(liberal arts)'라는 표현을 썼는데, 이것은 특정 전공이 아닌 일반교양 과목이라는 뜻이다. 그런데 이 '리버럴 아츠'가 '인문학'으로 번역되면서 마치 스티브 잡스가 철학과 문학의 고전을 읽으라고 한 것처럼 되어버렸다.

물론 인문학의 교양은 중요하다. 특히 사람을 상대하고 다루는 데 있어서 인간의 불변하는 본성에 대한 깊은 통찰을 담고 있는 인문학의 고전들은 삶을 살아가는 데 커다란 지침이 된다. 우리나라의 경영인들이 인문학을 강조하는 배경에는 이런 측면이 있다. 복잡한 세상에서 누구나 충분한 경험을 하며 살고 있다고 말할 순 없다. 그러니 그 부족한 경험을 독서로 채우며 사람과 세계에 대한 이해의 폭과 깊이를 더하는 게 바람직한 것이다. 그러나 그러한 지침은 반드시 고전이 아니더라도 다른 곳에서 충분히 얻을 수 있다. 새삼스럽게 대학에서의 인문교육을 강조할 이유가 없다는 뜻이다.

사실 새삼스러운 '인문학 열풍'의 배경에는 앞서 말한 '창조적인 정신'에 대한 기업의 요구와 점점 현실 적합성을 잃어가며 수요가 줄어들어가는 '대학의 인문학'을 지켜야 하는 이해관계자의 오해가 맞아 떨어졌다는 희극이 있다. 다시 말하지만 창조적이라는 건 '해온 대로 하지 않는 것'이니 '불필요하다고 여겨지는 것들도 아이디어에 도움이 된다면 다 쓸모가 있다'는 생각으로 통한다.

게다가 조직의 혁신이건 새로운 상품의 발명이건, 혹은 경제 생태계의 변화와 혁신이건, 모두 사람을 상대하는 일이니 그 아이디어의 바탕에 인간에 대한 이해가 깊으면 큰 도움이 될 수도 있다. 그러나 이러한 요구가 '대학에서의 인문학교육의 강화'로 연결될 필요는 전혀 없다. 왜냐면 사회에서 인문학의 수요가 줄어든 이유는 대학의 교육이 '사회에서 필요로 하는 인문정신'을 전혀 공급해주지 못했기 때문이다.

애초 대학에서 인문교육에 실패함으로써 발생한 인문정신에 대한 갈증을 다시 기존의 인문교육을 살려 해소해보겠다는 어불성설의 발상이 현재 벌어지고 있는 인문교육담론의 해프닝이다.

:::::: 진짜 세상을 바꾸는 건 누구인가, 혹은 무엇인가

　미국의 명문 사학 베닝턴 대학의 리즈 콜먼은 인문교육의 혁신으로 유명하다. 그녀는 소비에트 치하에서 붕괴되었던 인문교육을 재건하려는 러시아 대학 관계자들을 만났다. 그런데 그들과의 협업 과정에서 콜먼은 현학적이기만 한 인문학 연구가 사회의 필요를 전혀 채워주지 못하고 있다는 걸 깨달았다.

　미국 대학의 인문학 체계는 러시아에서 필요로 하는 인문학을 전혀 제공할 수 없었던 것이다. 결국 그녀와 동료들은 사회적인 삶에서 부딪치는 문제들을 중심으로 인문교육을 재편했다. 콜먼의 아이디어는 단순했다. 사회에는 문제들이 있고, 이 문제들을 해결하기 위해서 행동이 필요하다. 그 행동을 어떻게 해야 할 것인가를 논의하는 것이 인문교육이다. 현실 중심의 발상의 전환이었다.

우리가 교육문제를 대학 입시로 한정하는 오류를 범하듯, 인재와 재능의 문제를 논의할 때 대학 내 연구자들의 시각에 갇혀버리는 것도 오류다. 현실을 위한 학문이지 학문을 위한 현실이 아니기 때문이다.

그런 점에서 인터넷보다 세탁기가 세상을 더 크게 바꾸었다고 말하는 경제학자 장하준의 지적은 매우 날카롭다. 세탁기처럼 가사노동을 자동화시켜주는 기계는 여성이 가사노동으로부터 상대적으로 해방되어 좀 더 많은 여가시간을 갖게 했고 그로 인해 사회가 크게 변화할 수 있었다는 것이다. 이것이 실질을 파악하는 통찰력이다. 마찬가지로 교육과 재능, 인재의 문제를 이야기할 때 지금까지의 상식을 버리고 현실로부터 출발할 필요가 있다. 제발 대학을 중심으로 사고하는 습관을 버리자는 것이다.

세상을 누가 바꾸는가. 위인전은 위대한 정복자와 지도자들로 가득 차 있다. 혹은 지성사의 거인들도 그 자리를 채우곤 한다. 하지만 물건들의 발명가, 공정을 개선한 기술자, 새로운 기업을 만든 경영인은 위인전에 들어 있지 않다. 우리는 (아마도 대부분은 전혀 읽어보지도 않은) 셰익스피어의 작품이 (매일 사용하는) 세탁기의 발명보다 더 위대한 창조행위라고 생각하는 태도를 갖고 있다.

　지금 세상을 바꾸는 건 위대한 학자나 정치가가 아니다. 바로 기업이
다. 바람직한 방향이건 아니건 말이다. 인적 자본이건 사회적 자본이건
모든 형태의 자본을 (그러니까 사회적 역량을) 끌어모으고 조직 문화의 혁
신을 가져오고 (그래서 다른 사회적 조직의 변화를 유도하고) 사람들의 생활을
바꿀 새로운 아이디어를 (상품의 형태로) 구체화시키고 있는 장소 말이다.
이런 기업의 역할론에 대해서 이의를 제기하고 싶은 사람들도 있을 것
이다. 하지만 교육, 재능 그리고 인재의 담론이라면 바로 이 인재들과 재
능을 필요로 하고 그들에게 일자리를 제공하는 기업의 현실로부터 출
발해야 하는 것 아닐까.

사실 열심히 공부하면 그 대가로 얻는 게 일자리라고 생각하는 학생들이 있는 한 사회에 발전은 없다. 발상이 전혀 반대 방향으로 흐르고 있기 때문이다. 사회를 추동하는 원동력은 기업에서 나오고 그 기업이 특정한 재능을 필요로 하기 때문에 일자리가 생긴다. 그것이 사회적 수요다. 이 수요에 부응하는 노동에 대해서 대가를 지불하는 것이 바로 임금이다. 우리는 그런 식으로 경제생활을 영위하면서 동시에 사회적인 거대한 협업과 경쟁을 만들어 나간다.

교육의 문제를 이야기할 때도 바로 여기서부터 출발해야 한다.

예를 들어, 창조력을 이야기할 때 우리는 왜 예술적 창조를 먼저 떠올리는 것일까. 우리는 〈영웅〉 교향곡이 누구의 작품인지 『죄와 벌』이 누구의 책인지 알고 있다. 하지만 레이저를 만든 사람은 누구이며 하다 못해 가시철망을 발명한 사람이 누구인지 아는 사람은 찾아보기 힘들다. 이런 예술과 학술 지향적인 사고가 '창조성' 혹은 '창조력'에 대한 오해를 낳는다.

지능과 마찬가지로 창조성에도 여러 종류가 있을 텐데 우리는 과연 어떤 창조성에 대해 말하고 있는 것이냐를 묻고 싶다. 바로 문제해결능력이 곧 지능이고 창조력이다. 기존의 방법으로 해결할 수 없는 문제에 대해 새로운 해법을 들고 나오거나 새로운 문제제기 방법을 들고 나오는 것을 따로 '창조성'이라고 강조할 뿐이다.

오늘날 창조성의 문제는 흔히 문화적 상상력이 돈이 된다는 문화산업의 강조와 맞닿아 있다. 하루하루 생계를 걱정하던 가난한 싱글맘이 몇 년 만에 세계에서 가장 부유한 사람 중 하나가 된 '해리 포터 시리즈'의 사례처럼, 스토리와 캐릭터를 만드는 인문적 상상력이 필요하다는 이야기를 종종 듣는다.

하지만 그 이전에 대부분의 사람들에게 필요한 현실 감각은 '숫자'를 아는 것이다. 창조적인 상상력은 어디에나 필요하다. 하지만 베스트셀러 스토리를 만들어야 하는 사람과 일상적인 사소한 문제를 해결해야 하는 사람 중 어느 쪽이 더 많겠냐는 것이다. 하다못해 여행 가방을 효율적으로 싸기 위해서도 창조적인 능력이 필요하다.

이런 일상적인 창조적 문제해결은 당장 돈이 되지 않으니 중요하지 않게 여겨지겠지만, 물건을 만들거나 파는 경우, 혹은 서비스업에 종사하는 경우, 사람들은 나날이 이런 작은 문제들을 해결해야 하는 상황 속에서 살게 된다. 그 작은 해결책이 큰 혁신의 실마리가 되는 일은 무명의 작가가 베스트셀러 작가가 되는 일에 비해 훨씬 자주 있는 일이다.

예를 들어, 방금 끓여낸 뜨거운 커피를 종이컵에 담아 테이크아웃 형태로 팔 때, 뜨거운 컵을 손에 쥐지 못하는 손님들이 많았다. 적지 않은 커피숍이 있었지만 '싼 재료로 가벼우면서도 열을 효과적으로 차단'할 수 있다는 걸 착안해 골판지 보호대를 만들어낸 사람은 딱 한 명이었다. 그리고 지금 전 세계의 커피 전문점은 모두 같은 형태의 제품을 쓰고 있다. 바로 이런 것이 진짜 창조적 사고다. 기업이 원하는 인재는 이런 일상적인 창조적 능력을 발휘할 인재들이다.

창조력을 어떻게 기를 것인가

창조력을 이렇게 이해할 때 가장 먼저 드는 생각은 "이런 능력이 교육을 통해 길러질 수 있는 것일까?"라는 질문이다. 물론 불가능하다. 현재의 교육 형태로는 말이다. 아무리 자기주도학습이라고 이름 붙여도 기본적으로 교과 교육 자체로는 이러한 능력을 기를 수 없다.

왜냐하면 창조력은 현장에서 발견되고 길러지는 것이기 때문이다. 교실에서는 단순한 산수 문제도 풀지 못하는 아이가 장사를 할 때는 돈 계산을 기가 막히게 하는 경우가 종종 있다. 교과 공부의 재능과 창조적 능력은 전혀 다른 능력이다.

그래서 교과 커리큘럼이 아니라 어떤 활동을 하는가가 이러한 실용적 창조력 교육의 핵심이다. '일반적'인 창조력이란 없기 때문이다. 특정한 맥락에서 구체적인 문제를 해결하려고 할 때 새로운 발상으로 성공할 수 있는가 없는가가 중요할 뿐이다. 어떤 사람은 여러 번의 시행착오를 거치는 도전정신으로 창조력을 보일 것이고, 어떤 사람은 곰곰이 앉아서 끈기 있게 사고실험을 하며 답을 찾아내는 창조력을 보일 것이다. 어떤 사람은 아마도 번득이는 직관으로 엉뚱한 해결책을 내놓을 것이고, 또 어떤 사람은 기존의 것을 변형시키는 해법을 찾을 것이다.

여기에 일반적인 패턴을 찾을 필요까진 없다. 중요한 것은 이렇게 창조적으로 문제를 해결할 수 있는 상황을 제공해주는 것이다. 그러나 일반적인 학교교육에서는 현재 이러한 활동이 완전히 배제되어 있거나 부수적일 뿐이다.

대학교육이 창조적 인재를 기르지 못하는 이유가 여기에 있다. 그저 '전공이 아닌 다른 지식'을 머리에 조금 더 넣는다고 해서 창조적 발상이 샘솟는 인문적 상상력을 갖춘 융합형 인재가 되는 게 아니라는 것이다. 공대생이 문학 작품을 좀 더 읽고 인문계 학생이 수학과 물리 교양을 좀 더 쌓는다는 게 해법이 될 수 있겠는가.

:::::: 대학교육이 힘이 되지 않는 이유

이런 이야기를 길게 하는 이유는, 우리 사회에 뿌리 깊게 박혀 있는 오해가 너무나 거대하기 때문이다. 대뜸 고등학교에서 직업교육을 시키는 게 해법이라고 말한다면 설득당할 사람이 전혀 없을 테니 말이다. 하지만 진심으로 말하지만 대학 공부는 사회가 필요로 하는 어떤 능력이나 힘도 제공하지 못하고 있다. 앞으로도 한동안은 그럴 수밖에 없을 것이다.

두산 그룹의 중앙대 개혁을 속 편하게 정리하자면 '어차피 취업을 위한 공부니 제대로 된 취업 준비를 하자는 것'이라고 할 수 있겠다. 물론 이렇게 정리하는 사람은 '대학은 학문 연구를 위한 기관이기도 하다'며

항변할 사람들이다. 좋다. 그렇다면 학문 연구가 어떻게 생겨나고 왜 존재하는지부터 따져보자.

과거에 일부 학문은 아마추어 애호가들의 소일거리에서 시작되기도 했다. 사실 여전히 기초 학문에 해당하는 순수 학문의 일부 영역은 실용적인 목적과 관계없이 그저 연구자들(과 일반인들)의 호기심에 의해 추동되고 있다. 이러한 '세상의 직접적인 필요로부터 멀리 떨어진' 순수한 학문 연구가 나름 학문의 토대를 튼튼히 하고 있다는 걸 부정할 수는 없다.

그러나 지식의 수요는 현실에서 발생한다. 어느 누구도 한 학문 분야의 전모를 파악할 수 없을 정도로 지식이 포화된 상태에서 결국 지식의 우선순위를 따지는 근원은 사회적 수요일 수밖에 없다. 그리고 지식의 수요란 언제나 현실에서, 그리고 현장에서 발생한다.

사실 대학 과정에서의 공부란 현실에서 필요로 하는 내용과 깊이를 전혀 담지 못한다. 연구든 응용이든 말이다. 과거에는 그렇지 않았다. 20세기 초반에는 많은 분야에서 학부를 졸업한 우수한 학생이 전문 연구자들의 최신 논문을 읽으며 연구에 뛰어드는 게 가능했다. 20세기 초반에 수학과 물리학 분야의 많은 천재들이 나온 것은 그 시대가 천재들이 많았던 시대여서라기보다는 아직 학문의 양과 깊이가 그만큼 거대하지 않았기 때문이기도 했다.

그러나 20세기 중반 이후 이러한 상황은 전혀 달라졌다. 최고의 명문 대학의 물리학과나 수학과를 나왔다고 하더라도 학술지에 실리는 전문적인 연구 논문을 읽고 따라잡는 건 불가능하다. 아직 연구가 많이 축적되지 않은 분야에서 종종 학부 졸업생이 새로운 기여를 하는 일은 있지만 일반적으로는 어림도 없는 일이다. 학부를 졸업하면 그 분야의 기초적인 지식을 조금 쌓았을 뿐이다. 이공계의 경우라면 대학원의 연구실에 들어가건 혹은 기업의 연구 개발실에 들어가건 업무에 종사하기 위해서 더 많은 훈련을 쌓아야 한다. 문과 계통이라면 경제학과를 졸업한 학생이 당장 금융계나 재정 관련 부서에서 고급 실무를 맡을 수 없다는 이야기가 되겠다. 어차피 처음에는 회사의 신입사원처럼 단순한 업무를 할 수밖에 없다는 것이다.

또 그럴 수밖에 없는 이유 중 하나가 학부에서 배우는 교과서 자체가 배우는 시점에서 이미 낡은 것이라서 그렇다. 우리나라의 경우엔 아직 그렇게 하지 못하지만 세계적으로 유명한 교과서들은 3년에서 6년 정도를 주기로 업데이트한다. 쓰는 시점부터 이미 낡은 지식이 되기 때문이다. 게다가 원래 교과서는 지식 발전의 현재를 보여주는 게 아니라 누구나 동의하는 확립된 지식들을 정리해서 보여주는 것이다. 그러니 교과서란 지식 생산의 최전선이 아니라 이미 전투를 끝낸 귀환병들이 모인 지식의 무덤과도 같다.

전공 지식과 상관없는 분야에서 사람을 뽑는 경우엔 일반적인 학점과 함께 이른바 '스펙'이 중요하게 작동한다. 쉽게 말하면 오지랖 넓고 다양한 활동을 해본 사람이 우대된다는 뜻이다.

사실 앞에서 지적했듯이 '진짜 필요한 업무능력'을 확실하게 검증해낼 수 있는 인재채용시스템은 만들어지기 어렵다. 그러다 보니 엇비슷한 수준의 지원자들 중 각종 결함이 있는 사람들을 제거하고 장점이 더 많아 보이는 사람을 뽑는 어중간한 시스템이 작동하는 것이다. 스펙이 그렇고 학력과 무관한 다양한 특성을 평가한다는 '다면 면접(多面面接)'이 그렇다.

다면 면접 중에서 가장 특이한 것은 숙박 면접이다. 어차피 조직생활을 해야 하는데 조직생활에 걸맞은 인성이 있는지 없는지 며칠 동안에 걸쳐 보겠다는 것이다. 비용이 만만치 않지만 그런 비용을 투자해서라도 중간에 그만두지 않고 오랫동안 데리고 있으면서 키울 인재를 뽑는 게 더 효율적이라는 판단에서 생겨난 제도다. 기업의 말대로라면 하다 못해 술 마시고 노는 것조차도 직장에서 필요한 능력이라는 얘기다.

아무리 스펙을 쌓아봤자 몸에 배어 있는 습성이 아니라면 금세 드러나게 되어 있다. 다면 면접을 거쳐 뽑아도 불화를 일으키고 직장을 그만두는 사람은 생겨나기 마련이다. 그저 확률을 줄이려고 이런 저런 제도를 만들어낸 것뿐, 기본적으로 대학에서의 교육과정이나 입사지원서를 액면 그대로 신뢰할 수 없다는 불신이 바탕이 되어 있다는 건 변함이 없다.

::∶∶∷ 사람이 없는 게 아니라 필요한 인재가 없다

기업에서 인재가 없다고 한탄하는 것에는 사실 몇 가지 다른 측면이 있다. 첫째는 정말 '최고의 인재'가 없다는 뜻이다. 모든 면에서 기업이 원하는 인재, 혼자서 몇 만 명을 먹여 살릴 창조적 재능을 갖춘 인재 말이다. 이런 인재는 워낙 희소한 것이니 어느 때라고 이런 인재가 넘쳐나겠느냐마는, 아무튼 이런 한탄은 '천재가 나오지 않는 시스템'에 대한 비판으로 이어진다. 여기서 인재의 유형을 분류해보자.

(1) 소수의 천재: 다시 말해 지식계건 산업계건 '최상층부'에 해당할 극소수의 인재가 가끔 나올 수 있어야 한다는 뜻이다. 문제의식에는 동

의하지만 이건 우리 모두가 깊이 고민할 문제는 아니다. 가끔 말도 안 되는 시스템에서 예외적인 천재들이 나타나기도 하니 말이다. 체계가 억눌러도 튀어나올 재능은 튀어나온다.

(2) 고등 인재: 하지만 모든 사람이 천재가 될 수는 없는 게 아닌가. 그런 의미에서 인재가 없다는 건 통상 기업에서 일을 시킬 만한 준비가 되어 있는 사람이 없다는 뜻이다. 이것이 지금까지 지적한 대학, 즉 고등교육기관의 교육시스템의 결함과 관련되어 있다. 현장과 현실로부터 유리된 낡은 지식의 학습, 창조적인 능력을 발휘할 수 있는 기회를 받지 못한 훈련된 무능, 게다가 사회적 협업에서 필요한 기초적인 인성 자질조차도 제대로 갖추지 못하는 사회적 부적응 등. 뽑아도 처음부터 다 가르쳐야 하는데, 여차하면 이직을 하거나 문제를 일으키기도 하며 원하는 만큼 성장하지 못하는 경우도 많다는 것이다.

(3) 중급의 인재: 여기에 주로 중소기업에서 한탄하는 인재 문제가 덧붙여져야 한다. 사회가 필요로 하는 인재풀의 피라미드에서 중하층에 속하는 인재들 말이다. 대학 졸업자들은 이 일에 적합한 능력도 갖추고 있지 못하면서 이러한 직종에서의 대우는 또 마땅찮게 여긴다. 과거라면 실업고, 즉 전문계 고등학교를 나와 현장에 바로 뛰어들었을 학생들이 대부분 대학에 진학하는 것이 일반화되자 중소기업에서는 마땅한 인력

을 구하기 힘들어졌다. 그러다 보니 외국인 노동자들이 들어와 값싼 노동력의 대명사가 되었고 이들은 의사소통의 문제도 있지만 장기적 전망에서 기업과 함께 성장해야 할 인력이 아니라는 점에서 소모적인 부품으로 전락하고 만다.

사람은 넘치지만 곳곳에서 필요한 인재가 없다. 더 심각한 건 첫 번째(극소수의 천재)가 아니라 두 번째, 세 번째의 문제, 즉 각 산업 현장에서 일할 보통의 인재들의 문제다. 창조적 소수에 대한 이야기가 더 자주 들리는 건 사실이지만 그런 인재야 1년에 몇 백 명만 있으면 충분한 일이다. 오히려 수만, 수십만이 얽힌 두 번째와 세 번째 부류의 인재 문제가 더 심각한 것이다.

이런 상황을 전제로, 불가능하지만 발칙한 상상을 해보자. 갑자기 대학을 통폐합하고 정원을 축소시켜 대학생 수를 절반 이하로 줄이는 것이다. 그렇다 해도 우리 사회가 여전히 같은 문제에 시달릴까. 더 인재가 부족해질까. 그렇지 않을 것이다. 최고급인력의 경우라면 대학을 절반 이하로 줄이더라도 수요와 공급에는 큰 차이가 없을 것이고, 오히려 세 번째에 해당할 중소기업이나 저임금 노동의 경우엔 인력공급이 더 원활해질 것이다. 그리고 이들을 현장에서 교육을 통해 고등 인재로 성장시키는 것이 사회 교육시스템의 주된 기능이 되어야 할 것이다.

두 번째에 해당할 중간 계층의 일자리는 어떨까. 당장 쉽게 생각할 수 있는 건 경쟁이 줄었으니 취업이 쉬워지겠다는 것이다. 그거야 취업하는 입장에서 할 생각이고 인력을 채용할 기업의 관점에서는 어떨까. 아마도 대학교육의 질적 혁신이 뒤따르지 않는 한, 여전히 '좋은 인재'의 부족은 달라지지 않을 듯하다.

이런 상상을 해보는 이유는 단순하다. 대학생이 사회의 수요에 비해 너무 많아서 문제인 측면도 있지만, 사회에서 필요한 인재를 기르지 못하는 시스템의 문제는 또 다른 측면이라는 걸 지적하기 위해서다.

대학생이 많아서가 아니라 다 엇비슷하고 그만그만한 어중간한 인재들이라는 게 인력부족 문제의 핵심이다. 있어도 그만 없어도 그만인 인재들을 길러내는 대학이어서 문제인 것이다.

우리는 여기서 이러한 상황을 야기하는 혹은 악화시키는 또 다른 측면을 생각해보아야 한다. 도대체 우리는 왜 이렇게 대학에 목을 매는 것일까 하고. 혹은 왜 대학은 이렇게 불필요한 인재들을 길러내는 것일까 하고.

조금 다른 관점에서 접근해보자. 대체로 대학을 졸업한 인재들이 갈 수 있는 일자리는 몇 종류나 될까. 대학에 개설된 학과는 몇 개이며 학생 수는 얼마나 될까. 이것을 비교하면 어떤 결론에 이를까.

오랫동안 사교육에 종사하면서 매년 아이들의 진로 희망을 물어보았다. 놀랍게도 내가 들은 직업의 개수는 100개를 넘지 않는다. 조사 방법과 분류에 따라 다르지만 몇 만 개의 직업이 있음에도 말이다. 우리나라의 대학에는 그 두 배가 훨씬 넘는 학과가 있지만 아이들이 (원서를 쓰기 전인 고3 초반까지) 희망하는 학과의 수도 100개가 되지 못한다.

참고삼아 아이들이 평소에 알고 있는 대학의 숫자는 50여 개도 되지 않는다. 이런 아이들이 막상 대학에 원서를 써야 할 때면 이름도 들어보지 못한 대학의 뭘 배우는 건지 짐작도 못할 생소한 학과에 원서를 쓴다. 그리고 졸업한 뒤에는 이십 몇 년 동안 한 번도 생각해보지 못한 직종에 발을 담그게 된다.

사실 이러한 현상은 대세와 주류라는 허울의 '매우 좁은 길'만을 정도로 생각하고 그 길에서 벗어나는 다른 길은 전혀 알지 못하고 생각도 하지 않는 한국적 마인드의 악성 종양이라고 할 수 있다. 여기에 고급스러운 직업을 선호하고, 현장에서 일하는 육체노동을 경시하는 관료적 직업관이 덧붙여져 이런 결과를 낳는다. 특정한 대학 전공의 지식을 전혀 필요로 하지 않는 수만 종의 직종이 있음에도 불구하고 매해 수십만 명이 그저 일반적인 '대학 졸업자'라는 명함을 갖고 취업을 하기 위해 사회적 수요나 자신의 비전과 전혀 관계없는 전공을 택해 공부를 한다.

회계 장부를 작성할 줄도 모르고 세금 처리를 할 줄도 모르며 일반적인 사회적 예법조차도 알지 못하는 대학 졸업자가 영업 현장에 나가야 하는 이유가 어디에 있을까. 몇 가지 과목만을 공부해서 시험을 보고 통과하면 될 수 있는 하급 공무원 시험에 굳이 대학 졸업자가 필요한 이유는 무엇일까. 몇 년 전부터 7급과 9급 공무원 시험 합격자 중에 고졸 출신은 씨가 말랐다. 하지만 그것은 대학을 다녔기 때문에 대졸자들의 합격률이 높은 게 아니라 애초에 시험공부 잘하는 사람이 대학을 가기 때문이다.

최근 공무원시험 합격자들은 고등학교만 졸업한 후에 시험공부에만 전념했다면 굳이 대학에서 4년을 보낼 필요 없이 더 빨리 합격할 수 있던 인재들이었을 것이다. 그런 관점에서 보면 그들의 대학 4년은 얼마나 불필요한 투자였을까.

다시 말해 대학의 전공은 많은 직종에서 별 의미가 없고 그저 '대학을 갈 수 있을 정도로 고등학교교육에서 높은 성취도를 보였다'는 것만 증명할 뿐이다. 하지만 그런 성취도를 보일 능력이라면 애초에 비싼 등록금 내며 써먹지도 못할 지식을 머리에 넣으려고 4년을 보내느니 처음부터 고등학교 졸업 후 취업 준비를 하는 게 더 빠를 것이다. 사람들이 생각하는 것보다 대학 졸업자와 고교 졸업자의 일반적인 지적 능력은 별 차이가 없기 때문이다.

:::::: 대학을 버리면 해법이 보인다

사실 가볍게 상상해보자며 말을 꺼냈지만 이것이 모든 문제의 핵심이다. 우리나라 사회는 그 정도로 많은 대졸인력을 필요로 하지 않는다. 도대체 왜 문예창작과를 나와서 영업을 하고 사회학과를 나와 바둑을 가르치며 철학과를 졸업하고 당구장을 차려야 하는가. 대학이 개인적인 기호와 여가 생활이라면 할 말이 없지만 사회 전체적으로 보면 인력과 시간의 낭비다. 그렇게 해서 이익을 보는 건 대학밖에 없다.

물론 대학을 없앤다고 문제가 다 해결되는 건 아니다. 그래서 시스템의 전면적인 개혁이 필요한데 그것은 어떤 의미에서는 개혁이 아니라 원래 고등학교까지의 보통교육이 담당했어야 하는 역할을 제대로 복원하는 것이다. 즉 고등학교만 졸업하면 일반적인 직업활동을 할 수 있는 한 명의 시민을 만들어내는 것이다.

그런 관점에서 보면 우리나라의 보통교육은 엉망진창이다. 사회생활을 위한 기본적인 인성교육이 이루어지지 않는 것은 물론이고 직업 세계에 뛰어들 준비를 전혀 시키지 못하고 있다. 앞서 말했듯이 경제 인구 중 70퍼센트가 임금노동자이고 30퍼센트가 자영업자라고 한다면, 기본적으로 노동교육과 상업교육은 보통교육 과정에서 이루어져야 하는 게 아니겠냐는 것이다. 고등학교교육은 대학 가기 위한 것이고, 대학에서의 교육은 (교수들 입장에서) 대학원 공부의 예비 과정이라면 사회로 나갈 준비를 전혀 시키지 않고 있다는 뜻이 된다.

물론 그런 공부를 시키는 학교들이 있다. 과거의 상고, 공고, 농고 등 실업계 고등학교를 뒤이은 이른바 전문계 고등학교다. 여기에는 특성화 고교와 마이스터고교가 포함되어 있다. 이들은 취업을 전제로 교육을 시키는 직업교육기관의 역할을 한다.

앞으로 살펴볼 서울여상을 비롯해 몇몇 학교들은 높은 취업률과 대학 졸업자 부럽지 않은 질 좋은 취업으로 그 성공적인 모범 사례를 보여주고 있기도 하다. 문제는 이런 전문계 고교조차도 사회에 만연한 대학병으로 인해 취업이 아닌 진학 희망자들로 넘쳐난다는 것이며, 사회적

차별로 인해 그 인력을 제대로 활용하고 있지 못하다는 것이다.

우리 사회의 인재부족 문제, 다시 말하자면 취업과 일자리 문제를 해결하기 위해서는 대학을 버리고 고등직업교육, 즉 실용적 취업교육으로 가야 한다. 그러기 위해서 서울여상의 모범적인 성공 사례를 연구하고 어떻게 이 시스템을 확산할 수 있는지 같이 고민하자는 게 이 책을 쓴 취지다.

필자는 성공적인 중등직업교육이 우리 사회가 필요로 하는 인재 문제를 해결하고 더 나아가 전반적인 학력인플레의 질병을 해소할 수 있는 유일한 대안이라고 생각한다.

:::::: 실용적 전문가의 세계로 가야 한다

미국 영화를 보면 종종 볼 수 있는 장면이 이른바 학벌이 좋은 '책상 물림 전문가'와 조금 무식하지만 '현장 출신으로 잔뼈가 굵은 실무자' 사이의 대립 구도다. 대부분 전자가 쩔쩔 매는 문제를 후자가 해결함으로써 둘 사이의 긴장과 대립이 해소되는 식으로 상투적 결말을 맺는다. 물론 이것은 미국인들이 선호하는 스토리의 패턴이니 미국이 실제로 그런 나라라고는 말할 수 없다. 하지만 적어도 그 지향하는 바는 매우 분명하다. 현장에서의 경험을 신뢰하는 실용적 전문가의 세계가 건강하다는 것이다.

고등직업교육이 현재 얽혀 있는 총체적인 문제의 해법이라고 주장하는 것은 바로 이런 실용적 전문가의 시대로 가야 한다는 주장이다. 지금까지의 이야기를 종합해서 그 논리를 정리하면 이렇다.

1. 빠르게 변화하는 정보화 시대에는 평생 계속 공부하는 능력이 중요하며 지식을 쌓아두는 능력은 중요하지 않다 (지식은 빠르게 낡아버리기 때문이다).

2. 사회가 필요로 하는 것은 창조적인 재능, 실용적인 지능이다. 이것은 구체적인 현장에서 생겨나는 문제들을 해결하는 능력이다.

3. 이러한 재능은 교과교육 중심의 학습으로는 기를 수 없다.

4. 학교교육에서 측정하는 일반적인 지능은 지식을 이해하고 정리하는 능력만을 반영할 뿐 실제로 현장에서 공부하고 문제를 해결할 수 있는 능력을 반영하진 않는다.

5. 현재의 체계 아래 대학교육에서는 현실에서 요구되는 종류의 전공이나 교양지식을 제공하지도 못하고 있다.

6. 사회적으로 필요한 대부분의 직무활동에서 대학 전공 지식이 요구되지 않는데 굳이 대학을 졸업해서 훈련된 무능의 상태로 훈육되는 건 인력과 시간의 낭비다.

7. 고교 단계에서 실용적인 전문교육을 시키면 시간의 낭비 없이 바

로 현장에 나가 실용적 전문가가 되는 길을 갈 수 있다.

즉 대학을 건너 뛰어 '4년 먼저' 앞서가는 진짜 실용적 전문가들의 세계가 바람직하다는 것이 지금까지 나온 논의의 귀결이다. 후술하겠지만, 이런 시스템이 안착된다면 고교 졸업 후 취업활동을 통해 현장을 배운 후 다시 고급 지식의 필요성으로 인해 대학에 가는 것이 일반적인 패턴이 될 수 있어야 한다. 그렇다면 현실과 학문의 유리라는 문제도 자연스럽게 극복될 수 있을 것이다.

:::::: 기업이 원하는 인재
– 왜 다시 고졸을 찾기 시작했는가

사실 이러한 흐름은 이미 우리나라 사회에서 나타나기 시작한 경향이다. 최근 기업에서 고교 졸업생 취업을 늘리고 있기 때문이다. 단지 정부 시책에 협조하기 위해 단기 계약직으로 뽑아 구색을 맞추던 것에서 벗어나 실질적으로 대졸자와 별 다를 바 없는 업무에 높은 연봉을 주고 고졸을 채용하고 있다.

그 이유는 (잘 되고 있다면) 고등학교 교육만으로도 충분하다는 것을 기업의 인사담당자들이 다년간의 경험을 통해서 깨달았기 때문이다. 시험 삼아 뽑았던 인재들이 기업이 원하는 자질을 충분히 갖추고 있다는 걸 보여주었기 때문에 얻은 성과이기도 하다.

그런 점에서 지난 몇 년간 어려운 길을 닦은 고졸 출신 인재들에게 감탄과 고마움을 금할 수가 없다. 그들이 보여준 희망 덕분에 우리 사회가 비로소 고질적인 병폐를 치유하고 시스템을 개혁할 동력을 얻을 수 있었기 때문이다.

'도대체 기업이 구체적으로 어떤 인재를 원했으며 서울여상(과 같은 모범적인 취업교육 사례들)은 어떤 식으로 그 수요를 충족시킬 수 있었는가', '우리나라에서의 실용적 취업교육이 가야 할 길은 무엇이며 어떻게 해야 하는가' 하는 문제들은 다음 장에서 살펴볼 것이다. 하지만 일단 이 장에서 줄곧 말한 대로 고교 취업교육만으로도 사회적으로 필요로 하는 창조적이고 실용적인 인재를 육성하는 것이 충분히 가능하다는 걸 강조하고 싶다. 여기에 그 사례가 있기 때문이다.

하지만 그 이야기를 하기 위해서는 우리나라에서 지금까지 왜 직업교육이 반쪽의 성공으로 끝이 났는지부터 이야기를 해야 한다. 그래야 서울여상은 어떻게 해서 그러한 실패의 길을 벗어났는지를 말할 수 있기 때문이다. 그다음에 왜 여기에서 희망을 찾아야 하는지를 이해할 수 있다.

제3장

취업률 98.8%, 서울여상으로부터 배운다

최근 청년 실업이 큰 사회적 문제가 되고 있고 몇 년째 신규채용은 답보 상태다. OECD 회원국 중 최고 수준의 대학 진학률은 OECD 최하위 수준의 취업률로 상쇄된 지 오래다. 이른바 지속적인 인플레이션과 실업이 결합된 스태그플레이션이 경제의 일반적인 상태처럼 되어버렸기 때문이다.

이런 상황 속에서 최근 서울여상은 지속적으로 놀라운 취업률을 보여 화제가 되었다. 최근 5년간 평균 취업률이 70퍼센트에 육박하는 성과를 보인 것이다. 물론 한국의 대졸 취업률과 비슷한 수준이기는 하지만 통상적인 대졸 취업률에 거품이 많다는 점, 그리고 다른 특성화고 취업률이 20퍼센트 수준이라는 걸 고려하면 타의 추종을 불허하는 놀라운 성취다.

게다가 성과는 들여다보면 들여다볼수록 놀랍다.

보통 특성화고의 취업률이 떨어지는 이유는 일반적인 고졸 취업난이라는 문제도 있지만 그러한 학력차별을 낳은 기형적인 대학병으로 인해 취업 대신 진학을 희망하는 학생들이 많아졌기 때문이다. 전문화된 기술과 지식을 습득해 빠른 사회 진출을 돕는다는 특성화고의 취지가 무색하게 내신 성적이 떨어지더라도 특별전형을 이용해 대학에 가려는 학생들이 특성화고를 지원하는 것이다.

하지만 서울여상의 경우 다른 학교들과는 달리 진학을 희망하는 학생보다 취업을 희망하는 학생이 2배 이상일 정도로 특성화고로서의 정체성을 잘 살리고 있다. 더군다나 이렇게 취업을 희망하는 학생들 중 거의 대부분이 취업을 하고 있다는 게 놀랍다. 개인적인 사정으로 취업을 연기하거나 취소한 학생들을 제외하면 100퍼센트에 가까운 취업률을 보이고 있는 것이다.

물론 진학을 희망하는 30퍼센트의 학생들도 성공적인 성과를 거두고 있다. 인문계 고등학교의 고질적인 구색 맞추기형 진학이 아니고 대부분 동일계열로 진학하고 있다. 서울여상 출신으로 서울대에 진학하는 학생들도 종종 나온다. 한국 학벌사회의 최정점에 선 학교일뿐더러, 아직까지 서울대에 한 명의 학생도 보내지 못한 인문계 고등학교가 적지 않은 상황에서 이것은 자랑할 만한 일이기도 하다. 취업이 본령이라고 생각하기에 애써 강조하지 않지만 서울여상은 지금도 적지 않은 명문대 진학률을 보이고 있다. 상업계 특성화고답게 기본적으로 필요한 전문 과목을 이수하고 자격증을 딴 학생들이 이룬 성과다. 진학 희망자 중 진학률도 90퍼센트에 이를 정도이니 이쯤 되면 경이로운 수준이다.

단순히 취업과 진학이라는 결과만이 중요하지 않다. 그 내실이 문제다.

최근 졸업생들의 평균 초임 연봉은 중소기업의 대졸 초임과 거의 유사한 수준이며, 최상위권은 대기업 대졸 초임 연봉에 크게 뒤지지 않는 수준의 연봉을 받는 경우도 있다. 또 대부분 훌륭한 회사에 취업하고 있다. 시중은행과 금융회사, 대기업을 제외하더라도 업계에서 중진급 이상의 중소기업에 취업을 하고 있는 것이다.

고졸이라고는 믿기지 않을 정도의 대우를 받으며 좋은 회사로 가는 이유를 알고 보면 그럴 듯도 하다. 나이든 분들이라면 상업계 고등학교에서 주산, 부기, 타자 등의 기본적인 경리업무를 공부하던 시대를 떠올릴지도 모르겠다. 하지만 상업계 특성화고의 대표주자인 서울여상 졸업생들이 취득한 '스펙'을 보면 장난이 아니다. MOS(마이크로소프트 오피스

스페셜리스트) 마스터 자격증 등 회사원이 갖추어야 할 기본적인 컴퓨터 능력은 물론이고, 증권투자상담사, 국제무역사, 투자자산운용사, 재경관리사, 파생상품투자상담사, 펀드투자상담사, 외환관리사 등 관련 전공 대학 졸업자들도 쉽게 따기 어려운 고급자격증 소지자들이 즐비하다.

이런 놀라운 성과로 인해 최근 서울여상은 자주 매스컴을 타고 있고 벤치마킹을 위해 찾아오는 사람이 평균적으로 연 1,500명을 훌쩍 넘는다. MOU를 위해 찾아오는 기관도 적지 않다. 그러나 중요한 것은 이런 수치들로 드러난 성과가 아니다. 어떻게 이것이 가능했는지를 이해하고 그것이 주는 교훈을 우리 사회에 유익한 새로운 유전자로 널리 확산시키는 것이다.

겉보기의 성과만 보고 이것이 마치 인문계의 과학고나 외국어고처럼, 혹은 민족사관고처럼 엘리트들을 모아서 스파르타식 훈련을 한 성과가 아니겠냐고 지레짐작할지도 모르겠다. 그러나 필자가 찾아가서 보고 알게 된 것은 그와는 전혀 거리가 멀었다. 서울여상의 성공은 단지 1등을 했다는 표면적인 결과 때문이 아니라 그 성공을 가능하게 한 이유 때문에 더 놀라웠다. 이 장에서는 서울여상의 성공 비밀과 교훈 그리고 그것이 우리 교육계를 넘어서 사회에 대해 갖는 의미를 말하려고 한다.

::::::: 특성화고의 몰락과 재건이라는 변화 속에서 거둔 오롯한 성취

아이가 태어나 중학교에 갈 때까지, 아니 대부분은 고등학교 진학을 선택해야 하는 중3이 될 때까지 대부분의 학부모는, 그리고 학생들 자신조차도, 전문계 고등학교, 그러니까 특성화고를 미래의 옵션으로 생각하지 않는다. 우리나라 같은 상승 지향 사회에서 '고졸 후 취업'이라는 특성화고의 진로는 낙오자들의 것이라는 선입견이 널리 퍼져 있기 때문이다. 나이가 든 독자라면 과거 실업계 고등학교들에 덧붙여져 있던 이미지를 잘 기억하고 있을 것이다.

1990년대 중반 이후부터 실업계 고등학교들은 화려한 변신을 했다. 앞서 간단히 살펴본 세계화와 정보화, 지식사회화의 바람 속에서, '인터넷고등학교, 정보고등학교, 컴퓨터과학고등학교' 등의 이름으로 마치 새롭게 거듭난 듯한 인상을 주었던 것이다. 여기에 애니메이션고등학교처럼 첨단 분야를 선도할 인재를 키우는 새로운 형태의 학교도 생겨나기 시작했다. 과거 공업고등학교의 기계과, 통신과처럼 막연한 전공이 아니라 명확한 미래의 진로 분야와 연계된 전공을 가르치는 학교가 새로운 패러다임으로 등장한 것이다. 이것은 정부의 시책이기도 했고 새 시대에 걸맞게 살아남기 위한 실업계 고등학교의 생존책이기도 했다.

'생존책'이라는 말을 쓴 이유는 이렇게 외형상의 새로운 바람 뒤에 혹독한 현실이 존재하기 때문이다. 1980년대 후반 이후 대학의 숫자가 폭발적으로 증가하기 시작했고 그에 따라 사회 전체의 학력인플레 현상이 심화되었다. 1960년대부터 1980년대까지 제조업 중심으로 튼튼하게 성장을 거듭했던 한국 경제가 중소기업의 몰락과 대기업 중심의 재편, 서비스업으로의 중심 이동이라는 거대한 구조조정을 겪던 시기이기도 했다. 다시 말해 '지금까지 해오던 방식으로는 계속할 수 없는' 시대가 시작된 것이었다.

정부는 이때 전통적인 실업계 고등학교 출신 인력에 대한 사회적 수요가 줄어드는 동시에 새로운 성장 동력인 정보화 수요가 늘어날 것이라고 판단하고 실업계 고등학교의 전면적인 개편에 들어갔다. 지식기반

경제사회에 걸맞은 인력을 배출할 수 있어야 실업계 고등학교가 그 임무를 다할 수 있을 거라는 판단에서다. 이러한 구조조정은 IMF가 터지기 전부터 준비된 것이었고 이것은 바람직한 방향이었다.

하지만 언제나 그렇듯이 좋은 제도는 그에 걸맞은 사람들의 의식과 행태와 맞물려야 성공을 거둔다. IMF 이후 인력수요가 급격히 줄어들자 대졸인력들의 하향 취업이 본격적으로 시작되었다. 이미 1990년대 초반부터 명문대 출신이 한두 명씩 9급 공무원 시험에 지원하는 등 과잉 인력공급의 징후가 나타났지만 IMF는 그에 대한 결정타였다. 전문대 출신이 대졸자에 밀려났고, 고졸들이 전문대 출신에게 밀려나는 상황이 벌어졌다. 엄청난 황금알을 낳을 것 같던 정보 산업은 벤처 거품이 꺼지는 것과 동시에 모두가 물고기를 낚을 수 있는 거대한 대양이 아니라는 게 드러나기 시작했다.

이와 함께 이제는 전문계 고등학교가 된 실업계 고등학교에서 일어난 변화는 '진학을 위한 옵션'의 탄생이었다. 사실 모두의 이해관계가 첨예하게 얽힌 대학 입시와 관련해서 모두를 만족시키는 게 불가능하기 때문에 정부와 교육당국은 항상 비난의 대상이 되었다. 그러나 돌이켜보면 교육정책은 늘 시대에 부응하기 위해 고민을 한 결과였다. 졸업 즉시 취업을 할 인력을 길러내되, 취업을 하지 않고 관련 분야에서 더 많은 공부를 하려는 학생이나 산업 현장에서 경험을 쌓은 뒤 고급 지식을 쌓으려는 사람을 위해 특별전형 제도를 만든 것이 그것이다. 그러나 이것은 이제 '전문계 고등학교를 가도 대학에 갈 수 있다'는 것으로 오인되고 말았다. 그리고 점점 지원 인원이 줄어들자 생존을 위해 학생들을 모아야 하는 전문계 고등학교에서도 이러한 제도를 적극 홍보하여 학생을 끌어모으기도 했다.

이렇게 해서 현재의 특성화고 중심의 전문계 고등학교개혁이 이루어졌다. 일반적인 공업고, 상업고가 아니라 학교별로 차별화된 교육을 실시하는 전문적인 교육기관이 되어야 한다는 문제의식에서 나온 것이다. 이것은 과거처럼 동일한 직군에서 대량의 인력을 필요로 하는 시대가 끝나고 세분화된 직업군에서 필요한 인력이 계속 달라지고 있다는 현실에 대응한 탄력적인 변화였다고 할 수 있다. 하지만 이런 취지가 무색하게 전문계 고등학교는 전국적으로 계속 줄어갔고 취업률 역시 조금씩 떨어졌다. 특성화고에서 유일하게 높아진 성과가 있다면 바로 대학 진학률이었다. 취업률보다 진학률이 높은 또 다른 인문계로 바뀐 것이다.

서울여상 역시 이러한 변화 속에서 정부의 시책에 부응하는 한편 더 근본적인 고민을 했다. 1990년대 중반 IT특성화 중점 교육체제로 바뀌었지만 (이때도 '서울여상'이라는 이름은 그대로 보존했다) 2004년 이후 상업 분야의 특성화고로 다시 돌아갔던 것이다. 그리고 이때부터 서울여상은 매년 그 성취의 정도를 높여가며 신화적인 성과를 거두기 시작했다.

사정을 잘 모르는 독자들을 위해 길게 설명했지만 전문계 고등학교의 현실을 아는 사람들일수록 이 성과에 더욱 놀란다. 첨단 지식산업 분야가 아닌 전통적인 '상업' 분야로 돌아간 것, 진학이 대세인 상황에서 '취업 중심'을 내세운 것, 이것은 점점 입지가 좁아지고 있는 전문계 교육의 흐름에서 전혀 벗어난, 아니 역행하는 것이었기 때문이다. 게다가 실업교육의 전반적인 몰락 속에서 오랜 전통의 명문이라는 역사가 흐트러질 위기를 딛고 거둔 성취라는 것도 말이다. 그래서 서울여상의 성공 비밀이 더욱 궁금해지는 것이다.

오랫동안 서울여상의 이름은 인구에 회자되었지만 그 역사를 아는 이는 의외로 많지 않다.

구한말의 정치인 중 강석 한규설 선생이 있다. 1848년생인 한규설 선생은 의정부 참정대신까지 지낸 대한제국의 주요 인물이었다. 그는 을사늑약에 끝까지 반대한 사람 중 하나였고 경술국치 때 일본의 작위를 거부하고 정계를 떠났다. 하지만 민족교육에 대한 필요성을 절감해 1920년 이상재 선생 등과 함께 조선교육회를 세우고 민립대학 설립운동에 주도적으로 참여했다. 아들인 소석 한양호 선생이 아버지의 뜻을 받들어 조선 최초이자 최고의 여성 실업교육기관인 '경성여자상업학교'

를 세운 것이 1926년이었다.

당시 여성전문교육기관이 많지 않던 때라 경성여자상업학교는 개교 때부터 높은 경쟁률을 기록했다고 한다. 제국주의 일본은 조선의 교육을 고급한 인문교양이 아닌 실기 위주의 실업교육으로 재편하려고 했고 여성들이 취업을 위해 적절히 교육을 받을 수 있는 전문기관이 없었기에 학교에 대한 인기는 높았다. 그러나 역시 일본 치하였기에 졸업 후 여성들이 진출할 수 있는 직장이 많지 않았던 때라 은행 등에 입사할 수 있는 졸업생은 소수였다고 한다. 하지만 민족 자본에 의해 성립된 최초의 여성상업학교가 가지는 위상은 높았고 졸업생들의 자부심은 남달랐다. 설사 취업의 자리가 많지 않다고 하더라도 조선의 여성들이 수리교육을 받음으로써 가정의 살림을 향상시키고 그를 통해 나라의 경제를 살려야 한다는 설립자의 정신을 공유했기 때문이다.

여성의 사회 진출이 어려운 시기에 진취적인 기상을 활발한 운동부 활동으로 표출한 것도 이때부터 시작된 하나의 전통이었다. 지금이야 아는 사람이 적어졌지만 1970년대 유고에서 열린 세계탁구선수권대회에서 8전 8승으로 우승하는 '사라예보의 신화'를 쓴 주역 이에리사 선수(전 태릉선수촌장)가 서울여상 출신인 것도 이유가 있었다. 아무튼 당시 여학생들은 탁구, 정구, 농구 등의 구기종목을 즐겼다. 협동을 배울 수 있는 팀 경기이기도 했지만, 일본 여학교와 심심치 않게 대결을 벌일 수 있는 종목이라는 것도 이유였을 것이다. 당시 서울여상과 일본 여학교와의 대결은 생활의 여러 분야에서 펼쳐지던, 극일과 독립을 기원하는 조선인들과 일본인들 사이의 대리전 같은 양상이어서 그 열기가 엄청났다고 한다.

서울여상이 오늘날로 이어지는 최고의 여성 실업교육기관으로 거듭난 것은 역시 해방 이후 사회 각 분야에서 여성인력에 대한 필요가 늘어나면서였다(1951년 서울여자상업학교로 개명). 당시는 대학의 수가 적었을 뿐더러 여성이 대학에 가는 경우에도 인문 교양 분야나 교육학, 가정학 분야를 전공하는 것이 당연시되던 시대였다. 그렇다 보니 산업 현장에서 일을 할 여성인력의 교육을 담당하는 것은 상업계 고등학교들이었고 그중 으뜸이 서울여상이었다. 당시 서울여상 출신에 대한 사회적 신뢰는 상당했다. 그도 그럴 것이 대학에서 인문사회 분야를 전공한 남자 대학생과 서울여상 출신이 은행에 입사하면 후자의 업무능력이 월등히 높았던 것이다. 현장에서 필요한 지식을 배워 사회에 일찍 진출한다는 실업교육의 진수를 보여주는 학교였다.

이것이 1960~1980년대의 서울여상의 위상이었다. 여기에는 3대, 아니 증조부 한규설 선생을 포함하면 4대에 걸쳐 오롯이 교육에 종사한 설립자 가문의 일심이 있었다. 현 서울여상 교장인 한상국 선생은 원래 1960년대 미국에서 정치외교학을 전공한 엘리트 유학파 지식인이었다. 대학으로 나가는 길도 있었고 외무부를 비롯한 정계에서의 손길도 있었지만 한상국 교장은 학교에 들어갔다. 그것도 교사 자격증이 없는 터라 따로 준비해 자격시험을 본 뒤에 들어간 것이었다. 이미 증조부가 세운 경성여자상업학교는 학교법인 문영학원으로 바뀐 지 오래였기에 산하의 서울문영여자중학교에 들어가 교사를 하면서 훈련을 쌓고, 1974년 30대의 젊은 교장으로 부임을 했다. 그때부터 설립자인 조부 한양호 선생을 도와 부친 한학수 선생과 함께 서울여상의 황금기를 이끌었다.

경제개발 5개년 계획의 성공과 함께 한국 경제가 비약적으로 발전하던 1970년대, 제조업 분야의 성장과 함께 이를 뒷받침하는 은행업계도 함께 성장하고 있었다. 당시 시중은행의 주요한 인력공급원이 바로 서울여상이었다. 한때는 한 은행에 졸업생이 100명씩 입사할 정도로 그 위용이 대단했다.

당시 은행에는 직장별로 동문회가 만들어질 정도로 서울여상 출신이 많았는데, 어쩌다 서울여상에 근무하는 교사가 퇴근 무렵 은행이 몰려 있는 명동 지역을 지나갈 때면 줄줄이 졸업생들의 인사를 받느라 걸어가기 힘들 지경이었다고 회상할 정도다. 현재 시중은행 여성 지점장의 3

분의 1이 서울여상 출신이라는 통계가 이 시기 서울여상 졸업생들의 화려함을 짐작케 해준다. 이 때문에 생겨난 자랑스러운 명칭이 '여성금융사관학교'라는 별명이다.

한편 유학파 출신의 한상국 교장은 학교의 명예를 위해 의욕적으로 한 가지 대외적인 활동을 추진했는데, 그것이 탁구 외교였다. 이미 1973년 서울여상 출신의 이에리사 선수가 포함된 한국 여자탁구선수단이 유고슬라비아 사라예보에서 열린 세계선수권대회에서 8전 전승으로 세계를 재패한 바 있었다. 한상국 선생은 이 시기에 한국탁구협회 부회장을 맡으면서 국제 교류를 유도했고 1980년 서울오픈탁구대회를 개최하여 한국 탁구의 세계적인 위상을 높이는 한편 탁구 붐을 일으켰다.

그러나 이런 것은 장외활동일 뿐 학교 경영의 본령은 아니었다. 당시의 위상에 만족하지 않고 변화하는 사회적 환경에 능동적으로 대처하는 것이 당시 한상국 교장의 고민이었다. 그의 발상은 고등학교와 대학 사이에 처해져 있는 선을 무너뜨려 명실상부한 선진형 전문실업교육으로 가는 것이었다. 제4장에서 살펴보겠지만 고등실업교육 이수 후 일반 대학으로 진학하는 것은 사실 시간과 노력을 낭비하는 일로, 직업교육이 선진화된 나라에서는 전혀 다른 시스템을 갖고 있다.

고교 출신과 대학 출신의 차별을 무너뜨리기 위해서라도 실업계 교육은 일반적인 대학교육과 연계되지 않는 독자적인 교육시스템을 갖추어야 하는 것이다. 그래서 교육개혁위원회에서 활동하던 한상국 교장은 5년제 학제, 즉 전문대학의 과정을 통합한 고급실업교육기관의 양성을 주장했다. 그러나 입지가 모호해지는 전문대학에서 이러한 개혁안을 받아들이기 어려워했다.

그러나 한상국 교장은 이미 이러한 변화를 전제로 학교의 혁신을 준비 중이었다. 당시 학교가 위치해 있던 서울 홍제동 교사가 발전을 꾀하기에는 너무 좁다고 여겨 새로운 부지를 물색했고, 당시 학생들이 가장 많이 살고 있던 봉천동(현재는 청룡동으로 개명, 새 주소는 관악로 85)으로 결정했다. 5년제로 통합된 폴리테크닉을 염두에 두고 교사를 설계해 건물 한 동 전체를 실습동으로 두고 나머지를 교실동으로 설계한 널찍한 학교 단지를 만들어 1991년 이사를 했다.

미래지향적인 계획을 짜고 새 교사로 이전을 했지만 이때가 실업계 교육의 위기가 진행되던 때였다. 서울여상 역시 당시 정부의 시책에 따라 1996년부터 IT 특성화 중점 교육체제로 바뀌게 되었다. 미리 준비를 철저히 해서 무리 없이 IT 특성화를 안착시키긴 했지만 수십 년 전통의 상업교육의 전문기관이 자신의 색깔을 잃어버릴 상황이었다. 이때 정부 시책 및 학교의 변화에 따라 다른 학교들처럼 이름을 바꾸자는 이야기가 많았다. 그러나 한상국 교장은 오래된 명칭을 고수했다. 변화의 시대에는 정체성을 지키는 것이 차별화가 될 수 있을뿐더러 전통이라는, 그리고 '3만 동문'이라는 자산의 가치를 믿었기 때문이었다.

1996년부터 2004년 사이에 서울여상은 IT 특성화에 중점을 맞춘 학교였지만 2004년 이후 다시 상업 분야의 금융·통상·인터넷비즈니스 특성화고로 바뀐다. 정부 시책에 맞추어 IT 특성화 교육을 하긴 했지만 이것이 자신의 본령이 아니라는 걸 처음부터 잘 알고 있었다고 한다. 혁신적인 5년제 폴리테크닉을 제안할 정도로 교육의 미래에 대해 고민하던 한상국 교장은 IT 붐이 곧 끝날 것을 예견했고 1998년부터 시작된 교육부 특성화고 지정에 맞추어 상업을 업그레이드한 금융·통상 분야의 전문교육기관으로 바꾸어야겠다고 결심했다.

그러나 서울지역에서 최초로(2001년) 특성화고 지정을 받은 선린 인터넷고교의 사례에서도 알 수 있듯이 당시 대세는 IT였다. 로봇 분야, 모바일, 멀티미디어 등 첨단 분야와는 달리 상업 분야의 특성화에 대해서 교육청은 인색했다.

과거의 상업 분야, 즉 경리사무 중심의 상업교육을 떠올리는 타성 때문이었을 것이다. 어쩌면 서울여상이라는 이름을 포기하지 않고 계속 지키고 있던 완강함이 상업교육의 업그레이드에 대한 믿음을 주지 못했던 것은 아니었을까. 하지만 서울여상은 계속 내용을 보강해 특성화고교 신청을 했고 결국 2004년 교육청 지정 특성화고교에 선정되었다. 최초의 상업 분야의 특성화고교 인정이었다.

새롭게 바뀐 서울여상은 각 학년 25명 10개 반, 250명 정원의 학교로 3개 분야를 운영하게 되었다. 학과의 명칭은 인터넷비즈니스과, 국제통상과, 금융정보과였다. 각기 해당 분야의 전문인력을 양성해 CEO를 배출하겠다는 최종 목표를 내세웠다. 21세기형 상업교육의 업그레이드라는 자부심이 있었고, 고교 졸업 후 당장 현장에서 일할 수 있는 실무형 인재들을 내되 CEO의 레벨까지 발전을 거듭할 진취적이고 미래지향적인 인재들을 내세우겠다는 기획이었다.

서울여상은 금융, 통상 및 인터넷비즈니스 특성화고를 시작하면서 처음부터 '취업할 사람을 뽑겠다'는 걸 분명히 했다. 쉬운 일은 아니었다.

지원자들 상당수가 진학을 희망하는 현실 속에서 학부모와 학생을 설득하는 것은 쉽지 않았다. 입학 당시 진학 희망자들이 70퍼센트가 넘었다. 서울여상에서는 성공한 졸업생들을 학교로 불러들였다. 고교 졸업 후 어떤 길을 걸었고 어떻게 현재의 위치에 이를 수 있었는지를 선배들의 생생한 목소리로 후배들에게 전달했다. 성과는 금세 나타났다. 1학년 때 막연하게 대학을 희망하던 아이들이 선배들을 보면서, 그리고 교사들을 통해 현실의 정보를 접하면서 점차로 취업희망자들로 바뀌어갔고 그와 함께 특성화 교육의 성과도 높아졌다.

서울여상은 오랫동안 준비한 특성화 교과과정을 통해 졸업과 함께 취업을 해도 전혀 무리가 없는 상태로 학생들을 준비시켰다. 새로운 특성화 1세대들이 졸업하면서 이들이 현장에서 경험한 이야기가 되돌아왔고 이 교과과정은 매년 이러한 피드백을 통해 업그레이드되었다.

이 새로운 시스템은 특성화 후 3~4년이 지나기도 전에 완벽한 모습으로 자리 잡았다. 고급자격증 소지자들과 더 좋은 취업 성공사례들이 늘었고, 이러한 성공 사례로 인해 마침내 입학생들의 대부분이 취업희망자들로 채워지는 결과가 생겨났다.

이것은 어떻게 보면 1926년 개교 이래 꾸준히 지켜온 설립 이념이 거둔 성공이라고 할 수 있다. 하지만 무엇보다 변화와 혁신을 두려워하지 않았기에 가능한 일이었다. 또한 현재 한국의 실업교육이 방향타를 잃고 헤매고 있는 상황에서 귀감이 되는 것이기에 더욱 소중하다.

::::: 왜 서울여상을 주목해야 하는가

　2011년 정부는 특성화 교육이 제대로 이루어지지 못하고 있다는 판단 아래 산업체와 연계해서 고급의 기능인력을 배출하려는 마이스터고에 대한 지원을 강화하는 한편 전문계 고교 출신의 특별전형을 점진적으로 폐지하겠다는 계획을 내놓았다. 그러나 특성화고의 반발이 너무 심해 폐지안을 번복하고 당분간 그대로 유지하겠다는 입장으로 돌아섰다. 앞으로도 이 제도의 존폐를 놓고 계속 논의가 있을 예정이다.

　이러한 번복은 한국의 교육개혁에서 반복적으로 나타나는 패턴에 불과하다. 담당 기관에서 문제를 인지해 근본적으로는 옳은 방향의 개혁안을 내놓는다. 하지만 이 개혁안의 추진에는 섬세함이 부족하고 잡음이 생길 여지가 있는 경우가 많다. 더 문제인 것은 이 개혁안이 더 근본적인 개혁을 내놓을 수 없는 한계 때문에 내놓은 절충안이라는 것이고, 더 심각한 것은 사회와 이해당사자들이 극단적인 저항을 통해 그 개혁의 취지를 무력화시킨다는 것이다.

사실 이런 경우 보통 저항에는 이유가 있다. 고졸 출신에 대한 사회적 차별이 변함없는 상황에서 취업의 길 자체가 열려 있지 않은데 (현재 특성화고 취업률은 20퍼센트 수준이다), 이 상황에서 대학 가는 길 자체를 막아버린다고 해서 '선취업 후진학'이라는 목표가 달성되겠냐는 것이다. 강제로 진학을 막는다고 취업으로 진로를 바꾸지는 않는다는 말이다.

그렇다고 현행 상태를 유지하는 게 해답이 될 수도 없다. 그렇다면 고민은 어떻게 특성화고의 취업률을 높여 그 취지를 제대로 살리느냐일 것이다. 한국을 이끌어갈 '명장'을 양성한다는 마이스터고의 확대도 한 가지 방향이겠지만 마이스터고 자체가 애초에 소수 정예의 사관학교식 교육을 모델로 한 것이라 일반적인 특성화고로 확대할 수 없는 한계가 있다.

이런 맥락에서 서울여상의 독보적인 성공이 새삼 주목받게 된다. 출산율 저하로 인해 앞으로 많은 고등학교들을 통폐합해야 하는데 그 일차적인 대상이 전문계 고등학교다. 정부는 전문계 고등학교의 수를 줄이

되 특성화고를 성공시켜, 취업률을 높이려는 방안을 고민하고 있다. 한국의 현실에서 가장 중요한 인력수급의 불균형을 해소하기 위해서는 현재의 '모두가 대학에 가는 사회'로서는 어림도 없지만 그렇다고 '취업도 안 되는 전문계 교육을 늘리기'가 해법은 아니기 때문이다. 이럴 때 취업 희망자들이 전원 취업에 성공하는 서울여상이 하나의 선구적인 롤모델이 될 수 있을 것이다.

그 때문에 자발적으로 전국의 특성화고교에서 서울여상을 벤치마킹하기 위해 찾아오는가 하면 당국에서 적극적으로 벤치마킹을 장려하고 있다. 원래 정책을 고민하는 입장에서는 도무지 해법이 보이지 않는 상황이 오기 마련이고, 그럴 때 종종 해법은 현장의 개별적인 사례에서 나오기도 하는 법이니 말이다. 과연 서울여상이 위기에 빠진 고교 실업교육의 해법이 될 수 있을까. 더 나아가 우리 교육의 희망이 될 수 있을까.

우선 논의를 더 진전시키기 전에 서울여상의 전반적인 시스템을 이해하고 들어갈 필요가 있다. 학생 선발부터 졸업까지 어떤 식으로 운영되는지 전반적인 개괄을 한 뒤에 그 외형적인 시스템 뒤의 비밀을 엿보도록 하자.

서울여상은 신입생 유치를 위한 입학 및 진로설명회를 여러 번 개최한다. 대상은 중3학생 및 학부모다. 원래 우수한 학생들이 자발적으로 찾아오는 곳이어서 설명회의 필요성을 느끼지 못하다가 홍보의 필요성을 말하는 학부모들의 요청 등으로 인해 2006년도부터 설명회를 시작했다고 한다. 많은 학교가 외부(입시학원 등) 대행을 통해 설명회를 개최하는 반면 서울여상은 단위학교로서는 처음으로 직접 입학설명회를 조직하고 홍보책자를 자체 제작했다는 것도 자랑거리다.

이때 성적만이 입학의 기준이 되지 않는다. 무엇보다 성실, 근면의 기준이 되는 출결 성적이 매우 중요하다. 그래서 아주 우수한 성적을 거두고도 출결 상태가 나빠 떨어지는 학생들이 종종 나온다고 한다. 서울여상에 합격하지는 못했지만 이 탈락으로 인해 인생에서 중요한 교훈을 얻었다며 감사해한 학생과 학부모가 (불합격이 확정된 상황에서도) 면접까지 치른 일화도 있다.

이렇게 입학을 하면 1년간은 기초 과목을 중심으로 한 공통 교과를 배운다. 학생으로서는 학교에 적응하는 시기이기도 하다. 처음 보는 낯선 상업 교과들을 배워야 하며 서울여상의 문화에 적응하고 자신의 학과 선택을 고민하는 시기다. 그러나 학교의 일정은 매우 빠르게 진행된다. 입학 직후에는 학생상담과 동아리 입부가 시작되고 첫 중간고사가 기다린다. 이 시험이 끝나고 나면 배구대회라는 커다란 행사를 치르며 명실상부한 서울여상 학생으로서의 삶이 궤도에 오른다.

2학년 때부터는 전공이 갈라진다. 이때 10개 학급이 세 학과로 나뉜다. 증권투자상담사 등 금융분야의 전문가를 기르는 금융정보과, 무역사 등 무역통상 분야의 전문가를 기르는 국제통상과, 그리고 창업을 위한 기초를 배우며 관련 분야 진학을 꿈꾸는 인터넷비즈니스과가 설치되어 있다. 특성화와 함께 상업 분야를 업그레이드하기 위해 사회에서 수요가 많은 분야를 조사해 설립된 학과들은 현장에서 필요로 하는 지식과 자격증 취득을 위해 최적화한 커리큘럼으로 학생들을 기다리고 있다.

커리큘럼은 빡빡하고 체험학습을 비롯해 합창대회, 체육대회 등 학교 행사는 많다. 학교 내부 행사는 대부분 역사가 오랜 것들로 미술대회는 1930년대에 시작되었고 자매부대 방문, 배구대회, 합창대회, 체육대회는 1960년대부터 시작되었다. 학교생활에서 많은 비중을 차지하는 게 또 동아리활동인데 전산회계반, 금융정보반 등 고급자격증 취득을 위해 공부하는 동아리는 경쟁도 치열해 관련 분야 성적을 보고 뽑기도 한다. 그 외에도 토익반, 도서반, 방송영상반 등 다양한 동아리들이 있다. 다양한 학교 행사와 동아리활동은 자발성을 이끌어내고 자신감을 갖게 하는 역할을 한다. 어느 한 분야에서 뒤처지더라도 자신의 장기를 드러낼 수 있는 다양한 활동들이 있다. 교칙이 엄격해 '끼'를 발산하지 못하는 학생들도 이런 행사를 통해 스타가 된다.

교칙과 문화가 엄격한 것은 서울여상의 강한 전통이다. 최근 많이 누그러지긴 했지만 교내 핸드폰 소지가 허용된 것도 겨우 몇 년 전의 일이고 지금도 등교와 함께 핸드폰을 제출했다가 하교할 때 받아간다. 교복을 짧게 줄여 입는 일은 상상도 할 수 없고 굳이 금연교육을 하지 않아도 될 정도로 학내 금연은 찾아볼 수도 없다. 인성과 관련되어 신뢰를 무너뜨리는 교칙 위반에 대해서는 제재도 엄격하다. 그래서인지 학교 내 폭력 사건은 거의 일어나지 않는다.

또한 상담부뿐만 아니라 담임선생님을 비롯해 진학과 취업지도부를 통한 지속적인 상담이 생활화되어 있다. 특히 2학년 때 학과 선택을 해야 하고, 1학년 1학기 성적을 바탕으로 들어갈 수 있는 동아리들이 있기 때문에 1학년을 상대로 한 취업·진로 상담이 중요한 역할을 한다. 또 성적이 뒤떨어지는 학생을 위한 재학생 멘토링 제도가 있다. 성적이 우수한 선배가 후배의 공부를 상담하며 지도하고 공부 계획을 짜서 선생님께 확인을 받는다.

공부하랴, 학교행사 치르랴, 동아리활동하랴, 상담하랴 이렇게 바쁘게 학교생활을 하다 보면 3학년 초부터 취업이 본격적으로 시작된다. 여름이 지나 2학기가 되면 상당수가 취업이 된 상태로 학교를 떠나기도 한다. 진학을 희망하는 학생들에게는 입시철이 시작된다. 하지만 졸업 때까지 남는 소수의 학생들을 위한 취업지도는 계속 이어진다.

요즘은 보기 드물어진, 학생들이 졸업식장에서 우는 풍경을 서울여상 졸업식에서는 볼 수 있다. 하지만 졸업으로 학교와의 인연이 끝나는 건 아니다. 취업을 한 학생도 졸업식에 와서 회사생활과 학교교육에 관한 앙케트를 해야 한다. 드물게 졸업 시까지도 취업이 되지 않은 학생들은 졸업 이후에도 계속 취업 정보를 받는다.

매년 1,500명이 넘는 (점점 더 늘어날 전망이다) 사람들이 벤치마킹을 오지만 서울여상 관계자들은 갸우뚱한다. 외형적인 시스템만으로 보면 서울여상이 다른 특성화고와 크게 다를 게 없다고 생각하기 때문이다. 그들은 그저 기본에 충실할 뿐이라고 말한다.

고급자격증만 해도 그렇다. 고급자격증에 올인하는 전략을 취하고 있는 게 아니기 때문이다. 학교뿐만 아니라 많은 조직에서 가시적인 성과를 내기 위해 채택하는 '특별 해법'이란 게 있다. 바로 소수의 성과를 위해 다수가 희생하는 시스템이다. 하지만 서울여상의 교육체제는 그렇지 않다.

매년 매출이 늘어 이제는 3억을 넘어 4억에 가까워지고 있는 학교 기업 '마이트라(MyTra)'도 마찬가지다. 산학 연계로 대학에 기업을 만드는 건 이미 일반적인 일이고 전문계 고등학교에 있는 학교 기업도 이제는 100개가 넘는다. 그러니 학교 기업 운영의 성과는 자랑스러운 일이지만 특별히 남다른 일은 아닌 것이 되었다. 언제나 그렇지만 1등은 그 자체로는 특별하지 않다. 모두가 1등을 따라 하기 때문이다. 게다가 학교 기업은 서울여상이 가장 먼저 시작한 일도 아니다.

그렇다면 도대체 무엇이 다른 것일까. 애초에 우수한 학생들을 모았기 때문에 남다른 것일까?

사실 객관적으로 보면 서울여상만큼 우수한 중학교 졸업자들을 유치하는 명문 전문계 고등학교는 몇 곳 더 있다. 게다가 상당수가 첨단 산업 분야를 토대로 한 특성화고다. 그런데 그런 학교에서도 서울여상을 벤치마킹하러 온다. 성과가 다르기 때문이다. '기본에 충실할 뿐'이라고 해도 무언가 다른 점이 없을 리가 없다.

필자는 그 '기본'이 무엇인지 알려고 노력하던 중에 서울여상의 교훈과 비밀이 아주 간단한 곳에 있다는 것을 깨달았다. 정말로 기본에 완벽하게 충실하다. 하지만 이렇게만 말하면 매우 무책임한 서술이 될 것이다. 어떤 것이 기본이고 어떻게 해야 완벽하게 충실할 수 있는지가 중요하기 때문이다. 서울여상은 기업이라는 현장에서 필요로 하는 실용적이고 전인적인 인재를 길러낸다는 실업교육의 이념을 완벽하게 구현하고 있다. 지금부터 그것을 몇 가지 교훈과 비밀로 정리해보겠다.

– 자신만의 차별화에 성공하다

하버드 경영대학원의 최초 한국인 종신 교수 문영미는 그녀의 최신 저서 『디퍼런트』에서 변화하는 기업 환경에서 성공한 사례들의 비밀이 '남다르다'는 점에 있다고 했다. 유례없이 풍요로운 시대이자 유례없는 경쟁사회라는 것이 그 이유다. 누군가 앞서 가면 모든 후발 주자들이 그를 따라 하고 모두가 비슷해진다. 이제 소비자들은 무엇을 선택해야 좋을지 알 수 없는 상황이 되고 그저 가장 유명한 브랜드를 선택하게 된다.

교육(이라는 일종의 투자 사업)도 마찬가지다. 하나의 성공 사례가 나타나면 모두가 그 뒤를 따르게 되고 다들 비슷해진다. 최초에는 선구자들이 독식하던 넓은 길이 엄청나게 밀려드는 경쟁자들로 인해 (길 자체는 여전히 넓지만) 좁은 길이 되고 만다. 그래서 이전에는 매력적으로 보였던 진로가 막대한 경쟁과 (경쟁의 강도에 비하면) 그 보상이 보잘 것 없는 평범한 길이 되어버린다. 대학 입시를 목표로 하는 인문계에서 벌어진 일이 바로 그것이었다. 선행학습으로 인해 경시대회에서 수상을 하고 그것을 바탕으로 과학고와 외고라는 프리미엄을 얻는 것은 이제 어지간하면 거의 모든 학생들이 기본적으로 배우게 되는 사교육의 정규 커리큘럼이 되었다. 그 결과로 벌어진 일은 '그렇게 많은 공부를 하고도' 기대에 못 미치는 수준의 대학과 학과에 가서 역시 기대에 못 미치는 수준의 직장에 (그것도 운이 좋아야) 들어가는 평범한 코스다.

전문계 고등학교 역시 IT의 바람 속에서 모두가 '크고 반듯한 길'에 모이는 현상이 벌어졌다. 마치 경쟁하듯 최첨단 산업 분야를 선점해 교육부의 지원 속에서 학생 유치경쟁을 벌였고 산학 협력 MOU를 체결했다. 그러자 '인터넷고등학교'라든가 '정보화고등학교'라는 말은 예전의 '공고'나 '상고'처럼 그냥 평범한 일반명사로 바뀌기 시작했다.

서울여상은 바로 이때 시대적 흐름에 역행하는 발상을 했다. 상업 분야로 돌아가는 것. 하지만 그것이 주효한 전략이었다.

물론 모든 차별화가 다 성공적이진 않다. 그렇기 때문에 도전을 두려워하고 리스크를 피하려는 보수적인 태도를 갖고 있으면 '망해도 중간은 가는' 안전한 대세를 선택하게 된다. 특성화고의 취지에 맞게 취업에 올인할 경우 학생이 오지 않을 수가 있으니 진학반을 배려해야 한다. 하지만 진학을 중심으로 가르치다보면 애초의 특성화 교육의 취지가 흐려진다. 그런 식으로 많은 특성화고가 이렇게 취업과 진학이라는 두 마리 토끼를 동시에 잡으려다가 정체성을 잃고 자신만의 색깔을 잃어버렸다.

서울여상의 차별화는 설립 이념이자 자신이 가장 자신 있는 분야를 선택해서 가장 잘하겠다는, 기본에 충실한 것이었다. 일반적으로 말하자면 정체성을 토대로 한 차별화이고, 강점을 살리는 차별화이기 때문에 성공한 전략이다.

무엇보다 이 차별화가 냉철한 현실 인식에 바탕을 둔 결단이었다는 게 중요하다. 물론 정부가 주기적으로 산업·직군별 인력수요 현황을 조사하고 그에 따라 정책을 수립하기는 하지만 과연 우리 학교가 선택한 분야에서 현장이 필요로 하는 인력을 배출할 수 있는지, 혹은 배출한 인력을 그 분야가 다 흡수할 수 있는지에 대한 판단을 각 개별 학교에서 해야 한다는 뜻이다. 서울여상은 IT 특성화 학교로 지정되었을 때부터 많은 학교들이 뛰어들고 있는 IT 특성화에 참여하느니 금융 및 통상 분야에 대한 수요가 꾸준히 존재하므로 이 분야를 특화하기로 마음먹고 몇 년에 걸쳐 지속적인 준비를 했다.

무엇보다 금융 및 통상 분야의 기업들을 찾아가 어떤 인재를 원하는지, 그 분야의 현장에 뛰어들기 위해서는 어떤 사전 지식이나 자격증이 필요한지 조사를 했다. 물론 졸업생들은 실제로 이런 준비 과정을 거쳐 몇 년 뒤에 현장에 뛰어들게 되므로 현재의 수요뿐만 아니라 앞으로의 예측도 필요했다. 이 과정에서 가장 힘들었던 것은 IT 특성화 학교로 변모하기 위해 이미 3~4년씩 교과 준비를 했던 교사들이 다시 금융 및 통상 분야의 전문 교사가 되기 위해 준비하는 것이었다. 하지만 그 덕분에 2004년 특성화 고교 지정을 받았을 때 이미 서울여상은 국내 최고의 금융 및 통상 전문가들을 배출할 준비가 되어 있었다.

차별화란 실질을 토대로 한다. 그저 외형상의 숫자를 자랑하는 것이 아니기 때문이다. 최근 산학 협동이나 MOU가 유행이 되다시피 했지만 서울여상은 그 숫자를 자랑하지 않는다. 대신 공을 들이고 실질을 추구한다. 한국직업능력개발원과의 MOU를 체결하는 데는 3년이 걸렸다. 한국직업능력개발원은 고용노동부 산하 공공기관이어서 특정한 학교와만 MOU를 맺는 것에 선뜻 내켜하지 않았다. 하지만 서울여상은 특성화 교육의 실질화를 내용으로 결국 MOU를 체결하고 협력을 강화할 수 있었다. 상업 분야의 특성화를 시작할 때 교재도 제대로 마련되어 있지 않았던 상황이어서 유관기관의 전문가들과 함께 교사들이 교재를 개발하고 교과의 커리큘럼을 만들었던 것도 중요한 성과이자 경험이었다(16 권 인정도서 개발). 그 외에도 서울여상은 다양한 유관기관과의 협력을 통해 특성화 자문회의, 업계 전문가들을 초빙하는 산학 겸임교사와 방과후학교 책임교사 등 MOU를 통해 알차고 실질적인 성과를 거두었다.

– 정체성을 지키며 변화하다

시대에 따라 요구되는 미덕과 자질은 바뀌기 마련이다. 한 우물을 파라는 것이 금과옥조인 시대가 있고 나오지 않는 우물을 계속 파고 있으면 망하는 시대가 있다. 그러나 시대가 아무리 바뀐다고 해도 일관하는 것과 혁신하는 것이 서로 모순은 아니다. 변해야 할 것과 변하지 말아야 할 것을 분별하는 것이 진짜 지혜다.

서울여상은 1926년 설립 이래 초심에서 벗어난 적이 없다. 설립자의 직계 후손이 재단의 이사장과 학교장직을 맡는 사학들 중 일부에는 교육의 정도를 벗어나 교육자라고 하기 부끄러운 이들이 있는 게 사실이다. 하지만 서울여상과 학교법인 문영학원은 개교 후 80년이 넘도록 지금까지 추문에 휩싸인 적이 없다. 설립자의 이념으로부터 벗어난 적이 없기 때문이다.

'새 술은 새 부대에'라는 명목으로 많은 학교들이 변화를 추진하면서 학교 이름을 바꾸곤 했다. 그러나 이것은 일시적으로는 첨단의 느낌을 주어 학생 지원자들을 늘게 만들지는 모르지만 전통과 정체성이라는 무형의 자산이 훼손될 위험이 있다. 그런 점에서 정체성을 오롯하게 지키는 것은 단순히 수구가 아니라 매우 합리적이고 현실적인 전략이기까지 하다.

서울여상이 구체적인 학교의 성격을 바꾸면서도 이름을 바꾸지 않은 건 그런 면에서 성공적이었다. 모두가 과거의 서울여상과 그 졸업생들을 기억하며 그에 걸맞은 높은 기대를 하기 때문이다. 실제로 기업 인사담당자들은 '요즘엔 이름을 모르는 학교가 많다'고 토로한다. 입사 추천을 받을 때 아무리 역사가 오래되었더라도 낯선 이름을 갖고 있으면 신생 학교인 듯 여기고 넘어가게 된다는 것이다.

한편 서울여상의 경우 동문회활동이 매우 활발한 것으로 정평이 나 있다. 졸업생들은 학교의 진정한 자산이다. 이들이 역사의 연속성을 느끼지 못하게 하는 것은 어리석은 일이다. 학교 부지를 이전하고 이름을 바꾼 경우에 졸업생과 재학생 사이의 단절이 생기는 현상은 보기 어려운 일이 아니다. 그런 점에서 서울여상은 자신의 전통이 힘이 된다는 걸 잘 알고 있었다. 많은 지방 명문 실업계 학교들이 이름을 잃고 그 전통을 잃은 것은 매우 안타까운 일이다.

물론 이렇게 전통을 지키는 것이 힘이 되는 것은 그 전통이 지킬 만한 혹은 지켜야 하는 것일 때나 가능한 일이다. 단순히 역사가 오래된 학교라고 해서 명문이라는 전통이 그냥 생겨나는 것은 아니다. 게다가 전통을 지키되 발전해나가지 않으면 명문이라는 허명만 남게 되는 경우가 허다하다.

그렇기 때문에 정체성과 차별화는 서로 모순되는 게 아니다. 서울여상은 개교 이후 '여상'이라는 정체성을 잃지 않았고 상업교육에 있어서는 오랜 전통과 자부심을 갖고 있었다. 그러나 그 정체성을 시대의 요청에 맞게 발전시켰다. 학력인플레 이후 '여상'의 졸업생들이 단순한 경리 사무직을 담당하는 인력으로 인식되는 시대가 오자, 보다 더 고급스러운 상업전문인력을 양성하는 쪽으로 발전한 것이다. 서울여상이 선택한 분야는 금융과 통상 그리고 인터넷비즈니스였다. 모두 상업 경제와 회계라는 기본적인 상업 교과의 토대 위에서 업그레이드된 21세기형 분야다. 아마도 시대가 또 달라진다면 서울여상은 '서울여상'이라는 이름을 지키며, 그리고 상업교육이라는 큰 토대를 지키면서 새로운 시대의 상업

전문인력을 양성할 것이다. 정체성을 토대로 한 변화와 발전이 진짜 힘

이라는 것을 알고 있기 때문이다.

:::::: 교훈 3
- 변화를 내다보고 미리 준비하라

동도서기(東道西器), 중체서용(中體西用) 등 '근간을 잃지 않으면서 변화에 대응한다'는 것은 이미 150년 전 동아시아의 선조들이 고민하던 주제이기도 했다. 아니 어느 시대에나 있었던 일이다. 하지만 동아시아 삼국, 즉 한중일을 비교한다면 전통을 가장 많이 잃어버린 건 서구화에 가장 늦게 대응한 한국이었고 역설적으로 가장 전통을 잘 보전한 것은 일찍이 15세기부터 서구와의 교류를 시작했던 일본이었다. 어떻게 이런 일이 일어난 것일까? 어떻게 개방적인 곳에서 전통의 보전이 더 잘 일어나는 일이 생기는 것일까.

서울여상의 사례는 이런 일반적인 질문에 대한 해법이 될 수 있을 것도 같다. 서울여상은 그 이름에서 풍기는, 혹은 '경성여자상업학교'로 시작된 긴 역사에서 지레 짐작하게 만드는 보수적인 느낌에도 불구하고 변화에 늦게 대처한 적이 없었다.

IT 특성화고가 자신의 길이 아니라고 판단해서 몇 년 만에 접기는 했지만 서울여상은 그 이전에 어느 학교보다 더 빨리 학교 전산화에 성공한 모범적인 사례였다. 학교 홈페이지와 인트라넷을 만든 것도 그 어떤 학교보다 앞섰다. 정보화의 바람이 불기 전부터 상업 분야에도 능숙한 전산교육이 필요하다고 생각해 일찍부터 전문 교과를 도입하고 교사들에게 정보화교육을 시키고 있었다. IT 특성화고로 전환하고, 다시 금융·통상 분야의 특성화고로 전환할 때도 미리 몇 년 전부터 무리 없이 전환이 가능하도록 준비하고 있었다.

사실 서울여상이 최근 주목을 받는 것은 일찍이 한상국 교장이 폴리테크닉 전환을 주장했을 때부터 예견한 변화가 비로소 찾아온 것 때문이기도 하다. 대학의 정원이 자율화되고 신생 대학이 우후죽순 생겨나기 시작했을 때, 교육제도의 변화가 더 많은 입시 열풍만을 가져오기 시작했을 때, 이 망국의 대학병이 결국 한국 사회에서 거대한 악성 종양으로 자라날 것을 이미 알고 있었기 때문이었다. 결과적으로 보면 인구의 급속한 감소로 인해 불가피하게 추진해야 할 일이겠지만, 망국의 대학 열풍은 결국 선진형 직업교육 체제로의 전환을 필요로 하게 될 것임을 미리 알고 있었던 것이다.

한상국 교장의 주장 혹은 예견대로 학력인플레 사회의 붕괴는 실용적인 전문인력의 양성을 요구하게 되었고, 이를 위해서는 불필요하게 입시 준비를 위해 시간을 낭비하지 않도록 고교 과정과 전문대 과정을 결합한 폴리테크닉과 같은 독자적인 교육체제가 마련되어야 한다. 직업교육의 선진국인 유럽의 많은 나라에서 어떤 방식으로든 이미 시행하고 있는 일이다. 한상국 교장은 1990년대 이전에 5년제 폴리테크닉을 위한 준비를 하고 있었으니 놀라운 선견지명이 아닐 수 없다.

책의 앞부분에서 물었던 질문을 다시 던져야 할 것 같다. 10년 뒤, 혹은 20년 뒤를 내다보고 교육을 준비하는 사람들은 누구인가. 10~20년 뒤에 찾아올 변화를 대비하며 자신 혹은 자녀의 미래를 준비하는 사람들은 누구인가. 현재의 교육체제는 이 시기에 엄청난 변화를 겪을 것이고 겪어야만 한다. 부디 우리 사회가 서울여상으로부터 미래를 내다보는 교육혁신의 실마리를 찾을 수 있기를 바란다.

　'하던 대로 계속하게 해주세요'가 권리가 되는 사회는 발전의 희망이 없다. 계속 갖고 있는 기득권을 지킬 수 있게 해달라는 이기적인 요구 뒤에는 변화와 발전을 거부하는 태도가 숨어 있다. 그래서 사회의 발전은 이 기득권의 체계를 해체하려는 이들에 의해서 이루어지기 마련이다. 판을 바꾸고 변화시키려는 사람들이 (그에 성공한 사람들이) 다음 시대의 주도권을 갖는다.

　하지만 계속 주도권을 잃지 않는 이들이 있다. 그건 타인이 넘볼 수 없는 견고한 아성을 쌓았기 때문이 아니다. 케네디 대통령이 말했듯이 '제 자리에 서 있기 위해서라도 달려야 하는' 변화 가속의 사회에서는 과거에 쌓아올린 아성이란 무의미하다. 그렇기 때문에 계속 1등으로 남아 있는 개인이나 조직은 그만큼 끊임없는 자기혁신을 하고 있다는 이야기다.

자기혁신이란 말은 달콤하지만 그 혁신을 위한 대가는 매우 쓰다. 혁신에 성공하지 못한 부분을 잘라내야만 하는 아픔을 겪기도 한다. 그것이 우리 사회가 IMF 이후 불었던 구조조정의 쓰나미 속에서 겪은 교훈이었다.

서울여상은 교사들의 평균 재직기간이 가장 긴 편에 속하는 사학의 명문으로 이직률이 매우 낮다. 보통 사학재단에서 교사들의 이직률이 높다는 것은 그만큼 사학에 문제가 많다는 뜻이지만, 반대로 이직률이 낮고 재직기간이 길다고 해서 반드시 바람직한 것은 아니다. 이른바 '교사들의 철밥통'을 지키는 복지부동한 자세가 생겨나기 때문이다. 게다가 우리나라에서는 지금까지 교과서가 바뀌어도 그 교과 내용의 변동이 그리 크지 않기 때문에 수년 심지어 10~20년 째 같은 수업 노트로 수업을 하는 교사들 이야기가 전설처럼 돌곤 한다. 직접 경험한 학생들이 아니라면 밖에서 들으면 믿기지 않는 일이다. 존경할 만큼 열심히 노력하는 훌륭한 교사들이 많기에 더더욱 경악스러운 일이기도 하다.

하지만 서울여상에서는 이런 안일한 자세를 찾아볼 수 없었다. 서울여상에는 학교에 재직한 뒤로 두세 번 이상 담당 과목을 바꾼 교사들이 있다(대부분 부장급이다). 상고에서 IT 특성화고로, 그리고 다시 금융 및 통상 특성화고로 바뀌면서 인력수요구조가 달라졌기 때문이다. 이때 서울여상은 인원의 교체라는 손쉬운 방법을 택해 오랫동안 함께해온 조직력을 훼손하는 대신 어려운 방법을 택했다. 3~4년의 시간을 주고 완벽한 준비를 할 수 있도록 기회를 준 것이다. 그리고 해당 교사들은 '교단에서 학생들에게 도움을 주는 수업을 할 수 있을 때까지' 피나는 노력을 했다. 단지 과목을 담당하는 수준이 아니라 그 분야의 우수한 교사가 될 수 있을 정도로 말이다.

담당 교과를 바꾼 경우가 아니더라도 한국에서 가장 우수한 전문 고교 인력을 양성한다는 자부심에 걸맞게 교사들의 노력은 상상을 초월했다. 금융과 통상, 인터넷비즈니스라는 분야를 선택했을 때부터 이미 예상된 것이긴 했다. 이 분야들은 그 어느 분야보다도 변화가 극심한 곳이기 때문이다. 하지만 언제나 앞선 대비를 하는 곳답게 (한국에서 인터넷이 대중화될 무렵에 이미 학내 인트라넷을 구축한 학교였다) 교사들은 매년 교과과정의 내용을 업데이트하며 해당 분야의 전문가가 되었다. 평생 해온 대로 아이들을 가르치는 교사가 있는 학교에서 미래형 인재가 나올 까닭이 없다.

"평범한 교사는 지시하고, 좋은 교사는 설명하고, 훌륭한 교사는 모범을 보이며, 위대한 교사는 불을 지핀다."

그러나 동기를 부여하고 불을 지피기 위해서는 가르치는 본인이 불타야 한다. 이 학교에서는 정년을 앞둔 교사가 담당 분야의 최신 뉴스들을 소개하며 아이들에게 동기를 부여하는 교실 풍경을 어렵지 않게 볼 수 있다.

교사의 전문화는 110여 시간이 훌쩍 넘는 서울여상 교사들의 1년 평균연수시간에서도 드러난다. 학교와 교사가 끊임없이 혁신해야 학생이 달라진다. 학생들을 위해서라는 이유가 아니라 본인들이 변화에 목말라하는 주체가 되어야 한다는 뜻이다. 인문계 교육에서 사교육이 절대로 미래가 아닌 이유는 여기에 있다. 학원 강사는 출제 경향의 변화나 교수법의 동향에 민감하기 때문에 내신과 입시의 좋은 안내자로 보인다. 하지만 매년 들어오는 학생들은 똑같고 경제적 동기 이외에는 학생들과 공유할 발전의 동기가 없다. 스스로 발전하지 않는 교사와 학교는 학생들에게 꿈을 줄 수 없는 것이다.

　　한국은 기업과 경영인들의 헌신적인 노력으로 성공한 나라다. 그러나 정경 유착과 족벌 경영 및 여러 폐단으로 인해 신화적인 경영인의 업적은 독재 시대와 겹쳐 추문으로 기억되곤 한다. 많은 사람들이 '재벌'이라는 단어에서 부정적인 뉘앙스를 느끼는 것은 그 때문일 것이다.

　　하지만 다행스럽게도 투명한 윤리경영의 흐름이 우리 기업계에도 점차 확산되고 있는 동시에 기업가정신의 긍정적인 측면이 대중들 사이에서도 공감되고 있는 듯하다. 이것이 단순히 생존을 위해 열심히 성공적인 CEO를 따라 하는 '부자되기'의 열풍에서 그치지 않고 기업가정신 뒤에 있는 합리적인 경영과 혁신의 원리가 생활의 원리로 퍼질 때 한국의 미래는 더 밝아질 것이다.

서울여상의 성공 뒤에는 합리적인 경영의 원리와 똑같은 원칙이 들어 있다. 많은 성공한 기업, 오래 유지되는 기업들의 배후에 있는 철학을 보면 그 항목들이 서울여상에서도 그대로 적용되고 있다는 것을 알 것이다. 필자는 많은 경영 담론에서 느꼈던 것을 이 학교에서도 느꼈다. 성공의 원리는 간단하다. 그것을 실행할 수 있느냐 없느냐가 문제다.

성공적인 조직은 자율성과 엄격함을 동시에 유지한다. 자율성은 보람과 성취라는 자발적인 동기부여에서 나오고, 이 동기부여는 공통의 가치를 공유할 때 생겨난다. 엄격함은 그 바탕 위에서 서로에게 요구하는 윤리의 수준일 뿐이다. 서울여상이라는 시스템이 작동하는 원리도 그와 같았다.

그러나 이 원칙은 말이 쉽지만 쉽게 만들어지지 않는다. 그래서 경영 담론에서는 '문화'라는 말을 쓴다. 다른 말로 어렵게 풀어보자면 제도의 원리가 구성원들의 정신과 행동에 내재화되어 있는 가치와 일치한다는 뜻이다. 그리고 진짜 어려운 것은 이런 문화를 만드는 일이다.

필자는 서울여상을 취재하면서 이 '문화의 다름'을 자주 느꼈다. 예를 들자면 이런 것이다.

서울여상에는 모교 출신의 교사들이 많다. 서울여상을 졸업한 뒤 진학을 하거나 취업 후 진학을 통해 교사자격증을 따고 다시 학교로 돌아온 것이다. 서울여상의 많은 자랑스러운 졸업생 중 한 명으로 1980년대 초 세계 최고의 암산능력으로 최초로 기네스북에 오른 이춘덕 상담부장을 비롯해 적지 않은 교사들이 모교를 잊지 못해 돌아온다. 그런데 엄격한 선후배 사이일 이 교사들은 서로 존칭을 쓰며 깍듯하게 존중하고 있었다. 한상국 교장은 자신의 자녀보다 어린 신입 교사에게도 함부로 대하는 법이 없다. 우리나라에서 흔히 볼 수 있는 튼튼한 조직 문화의 (필요악과 같은) 부산물인 상명하복, 혹은 위계질서로부터 매우 자유로왔다. 흔히 볼 수 있는 '동문회 문화'와는 너무나 달랐다.

또 한 가지. 교무실에서 인터뷰를 진행하며 느꼈던 미묘한 기류의 핵심은 경쟁심이 없다는 것이었다.

"업무 평가라든가 그런 걸로 교사들도 서로 비교가 되지 않나요?"

"우린 그런 경쟁 같은 거 안 해요."

너무나 명쾌한 대답이었다. 성과에 대한 책임감은 아이들에게 진다. 교사들은 협력하는 조직이지 경쟁하는 라이벌이 아니다.

"하지만 아이들도 성적에 대한 경쟁심 같은 게 있을 텐데요."

"밖에서 오신 분들은 이해를 못해요. 그런 게 없거든요."

아이들조차도 성적을 평가하고 그로 인해서 우열감을 느끼게 하는 문화가 아니라고 한다. 어떻게 그게 가능할까.

사실 서울여상 출신의 인재들을 기업에서 선호하는 것은 어쩌면 이 독특한 문화의 산물이어서가 아닐까. 전체적인 시스템이 완벽하게 돌아간다는 이유 하나만으로 훌륭한 인재들이 저절로 나오는 건 아닐 테니 말이다. 어떤 훌륭한 시스템도 망칠 수 있는 것이 인간이라는 존재의 탁월한 능력인 것이다.

서울여상의 진짜 성공의 비밀은 아직 밝히지 않은 이 문화에 있다. 조직의 운영 원리가 서울여상이 주는 표면적인 교훈이었다면, 그 성공적인 '교육'의 비밀, 즉 인재를 길러내는 원리는 그 조직의 운영을 가능케 하는 실질적인 내용일 것이다. 지금까지는 조직의 측면에서 서울여상을 살펴보았다면 이제는 가르치고 배우는 교육의 관점에서 서울여상을 살펴보도록 하자.

 성공 비밀 1
　　- 현장의 요구를 파악하라

　서울여상에서 가르치는 전공교육의 핵심은 '현장의 요구를 반영한 것'이라는 아주 단순하고도 명쾌한 문구에 집약되어 있다.

　물론 이러한 현장성의 교육은 제도적으로 뒷받침되고 있다. 먼저 교과목을 편성하기 위해 서울여상의 담당 교사들은 수시로 주채용업체들이나 채용이 유력한 업체들의 인사담당자들을 만나 면담을 한다. 서울여상 졸업자들에게 어떤 능력을 기대하는지 알기 위해서다. 물론 처음에는 만나기가 쉽지 않았다고 한다. 아무리 서울여상이라고 해도 대기업의 인사담당자가 '여상'의 부장 교사와 따로 시간을 내어 인터뷰를 해 줄 정도로 친절하리라고 기대하긴 어렵다.

하지만 학생들에게 현장을 가르치려면 교사들이 직접 먼저 현장에서 뛰어야 하는 것 아니겠는가. 몇 번이고 전화를 하고 청을 해서 만난 것이 그 시작이었다. 그리고 서울여상의 졸업생들이 현장에 나가 뛰어난 업무능력을 보이자 이제는 더 많은 회사의 인사담당자들이 자신들의 요구사항을 학교에 알려줄 정도가 되었다. 현장에서 활용가능한 마이크로소프트 오피스 활용의 고급능력이 아쉽다는 요구 조건이 있어서 관련 수업을 한 학기 2시간에서 3시간으로 늘린 것이 예다.

또 고3이 되면 제휴를 맺은 기업체에 실습이나 인턴십을 나가는데, 이를 통해 학교에 돌아왔을 때 간담회와 설문조사를 통해 부족하거나 아쉽다고 느낀 점을 파악한다. 그러면 어김없이 다음 학기부터 수업 내용에 반영된다. 그리고 여러 분야에 퍼져 있는 졸업생들이 큰 자산이 된다. 이들이 학교로 자발적으로 찾아와 은사 및 교감·교장선생님과 대화하며 현장에서 느낀 점들을 수시로 알려준다. 그중에서 교과과정과는 무관하게 학생들이 알아야 한다고 여겨지는 것들은 특별 강연의 형식으로 후배들에게 전달하기도 한다.

현재 서울여상의 대표적인 성과로 알려져 있는 고급자격증 취득 제도 역시 그렇게 해서 만들어진 것이다. 금융 및 통상 분야 기업의 관리자들과 만나 취업자들에게 요구하는 자격증으로 어떤 것이 있는지 물었고 그 요구를 바탕으로 각 분과의 고급자격증 취득 제도를 만들었다. 금융정보, 국제통상, 인터넷비즈니스 특성화 교육체제를 세우기 전에도 서울여상 학생들은 많은 자격증을 갖고 있었다. 많으면 20여 개 이상, 평균 7.8개의 자격증을 갖고 있었지만 그 숫자가 경쟁력이 되는 건은 아니었다. 그래서 새로운 학과 체제를 도입하면서 인사담당자들을 통해 실무에서 필요한 자격증이 무엇인지 조사해 자격증 취득 커리큘럼을 만든 것이다. 자격증은 대부분 금융투자협회의 증권투자상담사와 같은 민간자격증으로, 현장에서 즉시 활용가능한 능력을 기른다는 게 핵심이었다.

그러나 '현장'이라고 하는 것이 단순히 직무 분야만을 이야기하는 것은 아니다. 말 그대로 '현장의 모든 것'을 의미한다. 이는 서울여상의 교육문화에서 매우 중요한 가치다.

서울여상에서는 입학 오리엔테이션 때 인사하는 법을 가르친다. 강당에서 전체 신입생들을 상대로 간단한 교육을 하고 줄지어 내려와 교무실을 기업의 사무실로, 앉아 있는 교감선생님 외 다른 선생님들을 직장의 상사라고 생각하고 인사하는 연습을 한다. 말하자면 신입사원이 부장급 이상의 임직원을 찾아갔을 때 정중하게 인사하고 나오는 법을 배우는 것이다.

이것은 별 것 아닌 듯하지만 이 작은 차이가 큰 변화를 만들어낸다.

물론 그 시작은 학교 입시 설명회 때부터 시작되지만 말이다. 학교에 들어서자마자 선배들이 외부에서 온 손님들에게 깍듯이 인사하는 것을 보게 된다. 이 선배들은 모든 선생님들을 볼 때마다 인사를 한다. 이런 문화 속에서 자연스럽게 회사에서도 기분 좋게 받아들여질 예절이 몸에 배게 된다. 흔히 회사에서 '대학이나 졸업한 인간이 사무실 출입 예절조차 모른다'고 투덜대는 것과는 전혀 다르다. 그렇게 사소한 부분에서부터 이미 기업에서의 생활에 익숙해진 상태로 졸업을 하게 되는 것이다.

서울여상의 자랑 중 하나인 실습실은 실제 기업이다. 일반 기업에서 하는 모든 정식의 절차들이 구비되어 있고 그렇게 운영된다. 고객을 응대하는 법부터 시작해 기안을 올리는 법, 결재 받는법, 심지어 결재판을 들고 들어가 상사 앞에 놓는 것까지 자신들이 일하게 될 곳의 환경에 완벽하게 익숙해진다.

많은 기관들이 수시로 '기업이 원하는 신입사원의 덕목'을 조사하여 발표한다. 2000년대 초반에는 창의력과 도전정신 등의 답변이 흔히 나오곤 했다. 정보화 시대에 맞게 혁신적인 인재가 필요하다는 취지에서다. 그래서 면접 인터뷰에서 튀는 답변을 내놓는 지원자들을 선호하는 게 유행이기도 했다. 그러나 최근 몇 년간 풍토가 바뀌었다. 아주 전통적인 덕목인 충성심, 성실함 등 기본인성을 꼽기 시작한 것이다.

그 이유는 앞서 이야기했듯이 '창의력은 길러서 길러지는 게 아니'며 현장에서 생겨나는 것, 즉 현장의 문제를 해결하려는 노력에서 생겨나는 것이라는 데 있다. 마구 튀는 인재가 아니라 현장의 요구에 충실한 인재들만이 창의적인 해법을 내놓는다. 그런데 그러기 위해서는 기업과 함께 성장할 인재여야 하고, 어려움을 같이 극복할 수 있는 협동적인 인재여야 한다. 그 바탕에 바로 기본인성이 있다.

서울여상에서 매년 신입사원 추천을 받는 주요 기업들이 서울여상 출신 신입사원을 선호하는 것은 바로 이 기본인성을 갖추었다는 매력이 큰 역할을 한다. 어느 기업에서나 신입사원은 가장 만족도가 낮은 단순 업무를 하며 회사 생활하는 법을 배우기 마련이다. 그러나 이 단계에서 가장 많은 사람들이 떨어져 나가기도 한다. 기본적으로 회사라는 조직에서 함께 생활하고 성장할 기본적인 훈련이 되어 있지 않기 때문이다. 현장이 원하는 인재교육이란 이런 기본적인 인성 훈련을 포함하는 것이다.

– 기초에 충실한 교육이 엘리트교육이다

인성교육이란 너무나 기본적인 것이어서 어디서나, 어느 학교에서나 다 가르치지 않느냐고 반문할지도 모르겠다. 베스트셀러 제목에도 있듯 '우리는 배워야 할 것은 유치원에서' 다 배운다. 실제로 독일과 같은 직업교육 선진국에서 거교 직업교육은 기본소양 과목을 거의 가르치지 않으며 80퍼센트 이상이 현장실습으로 이루어진다. 왜냐면 기본적으로 한 사람의 시민이 되기 위해 배워야 할 것은 초중등 과정에서 다 배운다고 보기 때문이다. 하지만 기형적인 입시 왕국인 우리나라는 이런 교육이 제대로 되고 있는가.

제대로 된 1등의 실질이 아니라 1등이라는 결과를 목표로 생각하는 결과주의적인 문화 속에서는 최악의 방책을 택하는 게 일반적인 것이 된다. 즉 목표로 가기 위한 가장 가까운 길을 손쉽게 가려고 하는 것이다. 사실 그게 효율적인 길이라면 합리적인 선택이다. 그러나 합리성이란 필요한 것들을 모두 고려하는 능력이지 그 결과 하나만 보는 맹목적인 사고가 아니다.

그런 점에서 서울여상 관계자들은 고급자격증 취득이라는 결과만이 자꾸 부각되는 것을 우려했다.

"그게 무슨 특별반을 운영한 결과가 아니거든요. 기본 교과목이 그러한 고급자격증을 취득하도록 되어 있습니다."

일단 궁금한 것부터 질문을 했다.

"그럼 교사가 그러한 고급자격증을 가르칠 수 있도록 엄청난 공부를 해야 하지 않습니까?"

"물론이죠. 요즘도 계속 공부하느라 힘들죠. 하하."

다른 궁금증이 들었다.

"이미 고2 때, 심지어는 고1 때도 자격증을 따는 학생이 있다고 들었는데 그렇게 앞서가는 학생과 뒤처진 학생이 같은 수업을 들어야 하는 건가요? 이미 자격증 딴 학생은 수업을 잘 안 들을 것 같고, 고급 내용을 중심으로 수업을 하다 보면 뒤처진 학생들이 못 따라갈 텐데요."

여기에서 의외의 진지한 답변이 돌아왔다.

"그게 자격증을 땄다고 해서 그 자격증에 걸맞은 실력을 갖추는 게 아니거든요. 그걸 아이들에게 강조합니다. 그걸 온전히 자기 실력으로 만들기 위해서는 계속 반복해서 완전하게 몸에 익혀야 한다고 말이죠."

너무나 평범한, 하지만 그래서 하기 힘든 일이라는 서울여상의 비밀 아닌 비밀이 또 나오고 있었다.

"저희가 기본적으로 그렇습니다. 실력을 갖추는 게 교육의 목적이지 자격증을 딴다거나 남보다 잘한다거나 하는 게 목표가 아니에요. 그래서 아이들 사이에서도 경쟁이 없습니다. 보통 시험 기간이 되면 잘하는 애들이 자발적으로 뒤떨어진 아이들과 함께 공부를 해요. 자기가 아는 걸 정리해서 친구들에게 알려주는 거죠. 서울여상의 공부는 경쟁이 아니라 협력입니다."

필자가 아는 한 논술 강사는, '도대체 논술이 무엇이냐'는 질문에 이렇게 답하곤 했다.

"모든 교과 과목에서 가르쳤어야 했는데 애들이 배우지 못한 걸 가르치는 거죠."

"그게 뭡니까?"

"생각하는 겁니다."

서울여상 교사의 답변을 들으며 떠올린 일화였다. 이때부터 '서울여상은 기본을 가르친다'는 말이 이해가 가기 시작했다.

우리나라의 교육문화, 아니 일반적인 문화 자체가 그렇다. 예를 들면 한국은 왜 노벨상이나 필즈상 수상자가 없냐고 투덜댄다. 하지만 그러면서도 과학에 호기심을 가진 아이들이 생겨나도록 어릴 때부터 마음껏 실험을 하며 과학을 좋아하도록 만들지 않는다. 그저 외형적인 행사들을 몇 개 더 만들고 경시대회를 강조할 뿐이다. 하지만 그 많은 노벨상 수상자들이나 필즈상 수상자들이 한국에 와서 하는 이야기는 대체로 대동소이하다. '기초 과학을 튼튼히 하면 노벨상은 그 결과로 얻어지는 것'이라는 게 그 요지다. 그게 일반 교육이건 직업교육이건 다를 이유가 없다.

중요한 기초를 반복하는 일에 지겨워하며 혼자서 앞서서 공부하는 걸 좋아하는 학생이라면 기업에서도 마찬가지로 조직의 협력 업무보다는 혼자서 일하는 걸 선호하기 마련이다. 본인은 성과를 낼지 모르지만 조직의 전반적인 차원에서는 마이너스 요인이 된다. 이런 사람들은 성과를 경쟁하는 분야에서 일을 하는 게 맞다. 하지만 언제고 그 빈약한 기초가 부메랑이 되어 돌아오게 되어 있으니 뒤늦게라도 그 값을 치르게 되는 게 일반적인 일일 것이다.

　서울여상에서 자격증이나 취업은 결과다. 그 결과를 위해 무리하게 특별반을 만들고 아이들을 몰지 않는다. 노력이 필요하다면 자발적인 동아리를 만들어 함께 노력하게 한다. 금융 분야건 통상 분야건 자격증을 따려는 아이들은 동아리에 들어서 단체 학습을 한다. 서로 분량을 나누고 함께 공부를 하는 방식이다. 동아리 교사는 아이들을 도울 뿐, 아이들로 하여금 더 빨리 자격증을 따도록 채근하지 않는다. 중요한 건 자격증을 따느냐 따지 않느냐가 아니라 현장에 나가서 그 일을 할 수 있느냐 없느냐이기 때문이다.

　한국에는 '토익에 특화된 영어 실력'이 있다. 토익 900점이 넘는 고득점자인데도 영어 문서 하나를 제대로 해석하지 못하고 말을 못 알아듣거나 대화를 하지 못하는 경우를 말한다. 시험 문제는 기가 막히게 맞히지만 정작 한국말을 영어로 번역해서 이해하는 능력은 제로에 가까운 경우도 있다. 이것이 결과주의적인 공부법의 폐해가 낳은 전형적인 사례다. 이렇게 급히 가려다가 오히려 에둘러 가게 된다는 것을, 기본에 충실하면 그 결과는 저절로 따라온다는 것을 서울여상의 교육은 정확히 보여주고 있다.

– 건강한 문화 속에서 건강한 인재가 나온다

결과주의가 조직의 차원에서 적용되면 조직은 성공적으로 보이는데 그 구성원들은 골병이 든다. 그러다 보니 구성원들의 충성심과 결속력이 떨어지고 조직은 그것을 메우기 위해서 엄격하거나 혹독한 상벌 체계를 도입하거나 인원 교체를 통해서 조직의 성과를 유지하려고 한다. 하지만 그만큼 심리적 물질적 비용이 다른 곳에서 많이 든다는 것이니 결국 장기적으로는 매우 비효율적이거나 건강하지 못한 조직이 된다.

건강한 인재가 건강한 조직을 만들 듯이 건강한 문화 속에서 건강한 인재가 나온다.

오늘날 청소년들은 냉소주의에 병들어 있다. 너무나 많은 사건 사고 속에서 신기해하거나 경악하고 분노하며 놀라는 감수성을 잃어버리고 "다 뻔해."가 된다. 극도의 피로감이 인스턴트문화와 겹치면 "몰라, 귀찮아."가 된다. 도전정신에 가득 찬 건강한 인재는 고사하고 지쳐 보이지 않는 사람을 구하기도 쉽지 않다.

이런 피로감은 그 아래에 영악함과 폭력성을 숨기게 되고 이것은 대세에 합류해 소수자를 비웃는 패거리 문화로 이어진다. 혼자서 앞서 나간 질문을 해도 튀는 녀석으로 재수 없단 소리를 듣고, 혼자서 전체의 분위기를 따라잡지 못해도 멍청한 녀석으로 짜증난단 소리를 듣는다. 익명의 다수 속에 숨어서 영악하게 야합하며 피로감을 폭력적으로 푸는 것이다.

너무 부정적으로 묘사한 게 아니냐고 할지 모르겠지만, 이런 문화가 만들어진 곳에서는 아무리 교과 성적이 우수하더라도 사회가 필요로 하는 인재가 나올 수가 없다. 엘리트 중의 엘리트라고 할 수 있는 의대생들이 패거리를 지어서 같은 과 여학생을 성추행하고는 사과 한마디하지 않는 일이 이 나라에서는 그리 놀랍지도 않은 이유다.

서울여상은 그런 점에서 내게는 정말 놀라운 곳이었다. 일단 특성화고라는 이유 때문에, 그리고 학교의 위치 때문에. 서울여상은 평균적으로 서울 시내 학교 중에서 가장 통학거리가 긴 학교다. 조사해본 결과

평균 통학시간이 등하교 합쳐서 3시간 정도 된다고 한다. 그런데 지각이 없다. 방학 중에 특별한 일이 없어도 자발적으로 나오는 교사와 학생이 많아서 급식이 정상적으로 유지될 정도로 사람들이 학교에 대한 애착을 갖고 있었다. '애교심'이 낯설다 못해 이제는 구태의연한 느낌을 주는 시대에 말이다.

내게 교사 한 분이 서울여상의 분위기를 알 수 있는 최근 일화를 하나 이야기해주었다. 지각이 없는 학교인데 가끔 지각을 하는 학생이 하나 있다고 한다. 통학 시간이 두 시간이 넘는, 가장 먼 지역에서 오는 학생인데다 차편이 없다 보니 그런 일이 종종 생긴다고 했다. 개인적으로 약간 내성적인 성격인데다 집도 멀다 보니 별 문제는 없는 학생이었지만 아이들과 활발하게 어울리는 아이는 아니었다고 한다. 그런데 기업체 체험학습을 가는 날 시간이 다 되어 가는데 늦게 나온 데다 차를 놓쳐서 시간 내에 학교에 도착하지 못하겠다는 연락이 왔다. 선생님은 이 학생 하나만 떼어놓고 갈 수가 없어서 가는 길에 중간에 태우기로 하고 계속 연락을 했다. 버스 운전기사에게도 양해를 구하고 전화를 몇 번이나 한 뒤에야 겨우 길 중간에서 차를 세우고 그 아이를 태울 수 있었다. 그런데 선생님은 내심 걱정이었다. 새벽같이 집에서 나와서 버스를 기다리고 전화하는 소리를 듣고 버스 경로를 바꾸는 수선 속에서 아이를 태웠을 때 (같은 반만 있는 것도 아닌데) 다른 아이들이 짜증내지는 않을지 염려되었던 것이다. 그런데 늦게 도착한 아이가 탔을 때 다들 다행이라고 기뻐하며 박수를 치며 환영했다고 한다. 선생님은 그때 자신이 가르치는 아이들이 건강한 아이들이라고 평소에 믿고 있긴 했지만 그래도 깜짝 놀라고 너무나 대견했다고 말했다.

영시 중에 오래전에 죽은 동급생 소녀의 무덤에 가서 바치는 내용의 시가 한 편이 있다. 화자인 남자아이가 대답을 하지 못한 질문에 답을 했지만 그게 그 아이보다 더 많이 안다는 걸 자랑하고 싶어서 한 건 아니었다고 미안해하던, 자신을 좋아하던 소녀의 무덤 앞에서 노래하는 내용이다. 그녀 이후로 자신의 성공을 함께 기뻐하고 실패를 함께 슬퍼하던 사람을 몇이나 만났던가 하며 화자는 한탄한다. 마찬가지로 우리는 학교에서 급우의 우스꽝스러운 실수를 비웃거나 조롱하지 않는 친구를 만나기가 어려운 시대가 되었다. 한국의 어느 시인의 말을 빌어 표현하자면 아무도 아프지 않지만 모두가 병든 시대다. 경쟁과 배제, 질시가 지배하는 정서 속에서는 긍정적인 삶의 태도가 생겨날 수 없다.

긍정적인 건강함이야말로 진짜 재능이다. 애플의 CEO 스티브 잡스의 위대함에 대해 어느 평론가는 '생각을 기술로 구현시킨 것'이라고 결론을 내린 적이 있다. 하지만 그 말을 뒤집어 보면 그것은 그만큼 그가 비판과 반대를 이겨낸 긍정의 힘을 가졌다는 뜻이기도 하다. 그 힘이 있어야 무엇이든 성취할 수 있기 때문이다. 물론 어떤 사람들은 이 힘이 너무 강해 독단이 되는 경우도 있다. 그렇기에 긍정의 힘은 따뜻한 연대의 힘과 결합되어야 건강해진다. 서울여상은 그러한 힘을 가르치는 문화를 갖고 있다.

그것은 입학 후 배구대회에서부터 시작된다. 신입생 시절의 정신없는 날들이 지나고 첫 중간고사를 치른 후 대대적인 배구대회가 열리는 게 이 학교의 전통이다. 그런데 이 배구대회는 우승한 반의 교사에게 상여금이 나오는 것도 아니고 특별상품이 주어지는 것도 아니다. 하지만 모두가 참여해서 즐기는 첫 번째의 큰 행사다. 각 반에는 담임선생님과 성별이 다른 부담임이 배정되어 남녀 교사가 협력해서 대회 준비를 한다. 선수들 외에도 아무도 소외되지 않도록 한 반의 25명 모두가 맡은 책임이 있다. 응원계획 뿐만 아니라 연습 시간에 먹거리를 준비하거나 음료수를 준비하는 일도 모두 담당이 정해진다.

이 배구 대회의 진짜 의미는 한 반이 모두 협력해서 행사를 치러내는 것밖에 아무것도 없다. 그러기에 승패에 연연하지 않고 과도한 경쟁이 이루어지지도 않는다. 하지만 자발적인 참여와 협동의 기쁨을 배우게 된다.

나는 이런 이야기들을 듣고 서울여상의 교사와 학생들을 만나며 때 아닌 걱정이 들기 시작했다. 오히려 이런 건강함이 세상에 대한 적응력을 떨어뜨리는 것은 아닐까 하고 말이다. 내가 의심이 많은 사람이어서 그랬는지는 모르지만, 이렇게 밝고 긍정적인 문화는 오히려 본인들에게 상처가 되지 않을까. 그래서 내 딴에는 날카로운 질문이라고 이렇게 물었다.

"하지만 현실적으로 고졸에 대한 차별이 존재하잖습니까. 아이들에게 그런 이야기를 미리 해주시나요?"

놀랍게도, 어김없이, 그렇다는 대답이 돌아왔다. 장밋빛으로 미래를 꾸며 보여주는 게 교사의 덕목은 아니라고 말이다.

"저희는 모두 있는 그대로 알려줍니다."

그 말이 빈말은 아닌 것이, 진로 상담실에는 최근 몇 년간의 졸업생의 취업기업목록과 초임 연봉 수준이 다 적혀 있는 장부가 있었다. 학생들은 입학했을 때부터 자유롭게 찾아와서 이 장부를 볼 수 있다. 졸업하면 실제로 어떤 기업에 가게 될지 그리고 어느 정도의 연봉을 받게 될지를 투명하게 공개한 상태에서 시작하는 것이다.

나는 이 장면에서 서울여상의 무서운 저력을 발견했다. 그것은 현실을 알면서 꿈을 꾸는 인재를 길러낸다는 것이다. 꿈을 꾸되 현실을 모르면 무책임해진다. 현실을 알되 꿈을 꾸지 않으면 패배적이고 냉소적인 태도를 갖게 된다. 발전하는 사람이 갖추어야 할 가장 중요한 열쇠는 이 둘 사이의 균형감각이다.

'현실을 알되 그 현실에서 가장 최대한 성취할 수 있는 것을 바라본다.'

'장기적인 목표를 갖되 당장의 현실적인 목표에 집중한다.'

이것은 개인이든 집단이든 최대의 성취를 확실하게 이룰 수 있는 유일한 매뉴얼이 아닌가.

성공한 선배들을 데려와 강연을 한다고 했을 때, 그리고 경쟁이 아닌 협력의 교육을 한다고 했을 때 가졌던 의구심이 사라진 것도 이때였다. 대학에 가면 모든 문제가 해결될 수 있을 것처럼 모든 걸 유보시키며 공부에만 전념하도록 만드는 입시문화 속에서 아이들은 그 말을 믿지 않으면서도 어쩔 수 없이 믿는 척 살아가게 된다. 현실은 보지 못하고 그저 막연한 기대만이 남는 것이다. 그래서 현실에 얼마나 많은 직업이 존재하는지, 그중에서 최상층과 최하층은 어떤 차이가 있는지, 자신에게 가능한 진로와 포기해야 할 것은 무엇인지에 대해 아무런 감각도 갖지 못한 채 성적을 고려해 학교와 학과를 선택하고 졸업한 후에야 현실을 알게 된다.

이것이 통상적인 인문계 고등학교들의 아이들이 가는 길이다. 하지만 서울여상 학생들은 고등학교 1학년 때부터 자신이 갈 수 있는 기업과 받을 수 있는 연봉의 수준을 알고 첫 발을 뗀다. 자기가 어떤 자격증을 따야 하며 그것으로 기대할 수 있는 효과가 어느 정도인지 알며 공부를 한다. 하지만 그 길에서 최고가 되면 어떤 자리에까지 오를 수 있는지 롤모델을 정한 채로 그 길을 간다. 헛된 욕심을 부리지 않으면서도 지치지 않고 노력할 수 있는 동기부여가 처음부터 주어지는 셈이다.

도대체 기업이 이런 사람을 원하지 않고 누굴 원하겠는가 하는 생각이 들었다. 현실을 아는 것도, 꿈을 꾸는 것도 모두 재능이다. 이 재능들의 어려움은 둘 다 함께 갖고 유지하는 게 어렵다는 데 있다. 하지만 역설적으로 이 재능들은 둘이 함께하지 않으면 그다지 가치가 없다는 것이다.

당장 대한민국의 고등학교 학생 아무나 붙잡고 물어보라. 일단 어떤 직업을 꿈이라고 얘기하는 것부터가 피상적인 것이고 상투적인 것이기는 하지만 그냥 '부자되는 게 꿈'이라고 하는 학생도 매우 많을 것이다.

"넌 커서 뭐가 될래?"

"아직 정하지는 않았지만 성공해서 부자가 되고 싶어요."

필자는 사교육 현장에서 이런 대화를 10년 가까이 반복하곤 했다. 이들의 탓만은 아니겠지만, 이런 정도의 현실 인식만을 갖춘 아이들을 대학에 보낸다는 건 부모와 사회의 직무 유기가 아니겠는가. 제발 서울 여상에서 현실인식에 바탕을 둔 진취적인 미래를 꿈꾸는 아이들을 보도록 하자. 그게 우리의 진짜 희망이자 미래라고 나는 생각한다.

   – 진짜 경쟁력을 기른다

흔히 외적 지표를 경쟁력이라고 착각하는 사람들에게, 다시 말해 좋은 대학의 학위나 대회의 수상경력이나 자격증의 목록 등을 경쟁력이자 스펙이라고 생각하는 사람들에게 그것은 진실이 아니며, 우리 사회가 잘못 생각하고 있는 거라고 말하고 싶다. 이제 그걸 사람들이 깨닫기 시작했고, 우리 사회는 바뀔 것이고 바뀌어야 한다.

나는 서울여상의 비밀을 다시 전인적 실용지능이라고 정의하고자 한다. 이건 거꾸로 이해하면 더 쉬운 개념이다. 지능이란 문제를 푸는 능력이다. 그래서 현실에서 문제를 해결하고 해법을 찾는 창의적인 활동이 바로 실용적인 지능의 정의다. 그런데 이 지능은 단순히 두뇌의 훈련만으로 이루어지지 않는다. 어떻게 보면 인성 전체가 전인적 실용 지능의 토대이자 핵심이다. 아이큐 검사에서 80점을 받고 친구들로부터 저능아라는 놀림을 받은 아이가 박사학위를 3개나 딴 학자가 되기도 하는가 하면 150이 넘는 우수한 두뇌의 소유자가 고시공부를 하다 실패해서 자살을 하기도 한다. 나는 이럴 때 일반 지능의 개념이 아무 의미가 없다고 생각한다. 자신을 긍정하고 노력하게 하는 힘, 자신의 성취로 사회에 기여하겠다고 하는 소명의식이야말로 일반 지능보다 더 중요한 재능이다. 난 그걸 전인적 실용 지능이라고 부르고 싶다.

서울여상은 입학 후 첫 스승의 날에 오전 수업만 한다. 모교에 가서 은사님들에게 인사를 하고 오라는 취지다.

"그렇게 보내면 그냥 집에 가지 않을까요?"

나는 이렇게 물었다. 나라면 그렇게 했을 테니까 말이다. 적어도 내 기억에 따르면 내가 배운 못된 짓의 8할은 학교에서 배웠고, 그중 절반은 교사들로부터 배웠다. 이 질문에 선생님은 깜짝 놀라며 고개를 끄덕였다.

"그렇게 생각할 수도 있겠네요. 하지만 …… 저희 아이들 중에 그런 애는 없는 것 같아요."

그러면서 여전히 당신은 우리 학교를 잘 모른다는 미소를 지었다.

흔히 말하는 '사람의 도리'라고 하는 인의예지는 시대착오적이고 고리타분한 것도, 고루하고 케케묵은 것도 아니다. 그것은 인간사회가 존속과 발전을 위해 필요로 하는 기본적인 능력이다. 그 능력이 결여되어 있는 사람은 사회적으로 어떤 형식으로든 성취를 하는 것이 매우 힘들다. 적어도 그런 사람이 성공하려면 누군가를 희생시키며 그 위에서만 가능하다. 화합과 상생의 성공을 위해서는 앞으로 도태되어야만 하는 재능과 인재의 유형인 셈이다.

이렇게만 말하면 인성교육만을 강조하는 듯 보일 것이다. 현재 교육에서 인성교육이 너무나 간과되고 있어서 강조하는 것일 뿐 이것이 서울여상의 전부는 아니다. 다시 창의성을 이야기로 돌아가보자. 진짜 경쟁력의 정화 말이다.

서울여상의 학교 기업 마이트라는 돈을 벌기 위한 기업이 아니다. 학생들이 기업을 체험하고 스스로 경영인이자 기업인으로 자신의 능력을 발휘할 수 있도록 하기 위해 만들어진 기업이다. 흔히 세계에서 가장 부자가 된 사람들로 꼽는 스티브 잡스와 빌 게이츠에 대해서 간과하는 것은, 이들이 어릴 때부터 사업을 해본 경험이 있다는 사실이다. 그들을 키운 건 대학이 아니라 경험이었다. 심지어 워렌 버핏의 투자술조차도, 『부자 아빠 가난한 아빠』의 기요사키의 성공철학도, 모두 대학의 교육체제에서 나온 게 아니다. 그들은 사람들과 자신의 체험으로부터 배우는 데 성공한 사람들이다.

산업화 시대에서 탈산업 정보지식사회로 가면서 새삼스럽게 창의성이 강조되지만 창의성은 직접 해보는 곳에서 나온다. 이른바 '창의적 체험활동'이라고 하지만 목표가 정해져 있고 뻔히 다 알고 있는 지식의 응용 수준에서 해답을 찾는 '기획된 창의체험'은 진짜 창의적인 활동이 아니다. 이들은 창조적인 능력을 기를 기회를 박탈하는 데서 시작하고 있기 때문이다.

예를 들어, 친구들과 만나 노래방을 갈지 PC방을 갈지 고민하는 것은 놀이도 활동도 아니고 그냥 소비다. 아무것도 주어진 전제 없이 시간만 주어졌을 때 함께 놀 수 있는 놀이를 고안해보는 게 정말 창조적인 놀이자 활동이다. 아이들의 교육을 위해 만들어진 많은 체험 학습 센터의 근본적인 한계는 여기에 있다. 이들은 창조적인 기획능력을 기를 기회를 박탈하고 시작되는 것이기 때문이다.

그에 비해서 기업은 진짜 창의적인 인재를 필요로 한다. 시장의 수요를 판단하고 기존의 상품들로는 충족시키지 못하는 니즈(필요성)를 찾아내고 그에 걸맞은 새로운 아이디어를 상품의 속성이나 디자인에 구현해 만들어 내는 것, 전혀 새로운 판로와 영업방식을 찾는 것, 이런 것들은 예술과 문화 분야의 위대한 창조적 활동에 비해서 티가 나지는 않지만 보통의 사람들이 자신의 창조성을 시험받는 가장 일상적인 무대다. 그리고 사업을 할 때 현실 속에서 창조성을 발휘한다는 것이 무엇인지 가장 뼈저리게 느끼게 된다.

인격적 성장이 이루어지는 중요한 시기(중고등학교 때)에 자발적 동기가 부여되지 않는 것도 창의성을 말살시키는 중요한 이유다. 자신이 원하는 것이 아닌 목표가 주어질 때 자발성과 자율성은 생겨나지 않는다. 서울여상의 교육을 전인적 실용지능이라고 결론지을 때 마지막으로 부연해야 하는 것은 이 자율성과 창조성의 측면이다.

노력한 만큼 대가를 얻게 된다는 이야기가 단지 '잠을 덜 자고 공부한 만큼 성적이 오른다'는 경험의 뿌듯함이라면 그것은 얼마나 초라한 일인가. 그것을 12년간 반복한 대학 졸업생이 '내가 기획하고 디자인한 상품을 갖고 바이어와 협상해 몇천 만 원의 매출을 올렸다'는 경험을 가진 서울여상 졸업생과 다툴 만한 경쟁력을 가질 수 있을까. 허울뿐인 몇 가지 명목을 제외하고 말이다.

우리 사회는 실질을 보지 못하게 만드는 허위 속에 살고 있다. 서울여상의 교육과정을 보며 내가 느낀 결론이다. 여기에 진짜 교육이 있다고, 이것이 교육과 우리 사회의 미래라고.

물론 모든 주장에는 반론이 있을 수 있다. 그래야 발전이 있으니 말이다. 가능한 반론을 생각하기 전에 지금까지의 이야기를 정리해보도록 하자.

1. 현재의 상황 속에서 서울여상의 성공은 우리가 주목하고 고민해야 할 귀중한 모범 사례다.

2. 지금까지 설명했던 대로 망국병인 대학병을 치료해야 하는데 고등직업교육이 충분히 성공적이지 못한 상황이기 때문이다.

3. 그런데 서울여상이 성공한 이유를 보면 너무나 원칙에 충실한 학

교 경영이 있었을 뿐이다. 그것은 ① 현실과 미래 그리고 자신의 장단점을 명확하게 인식한 차별화, ② 변화에 적응하되 정체성을 잃지 않은 것, ③ 미래를 내다본 철저한 준비, ④ 혁신 주체의 헌신적인 자기희생과 조직의 통합이었다.

4. 그러나 이것은 조직의 원리이고 그 실질은 남다른 문화에 있었다. 그 문화가 진짜 인재를 길러내는 교육이었다. 그것은 ① 끊임없이, 그리고 세심하게 현장의 요구를 교육에 반영하는 것, ② 인성과 공부 모든 측면에서 기초에 충실함으로써 진짜 엘리트를 육성하는 것, ③ 자신의 삶에 대한 만족도와 사회적 윤리 모든 측면에서 건강한 삶, ④ 현실 인식과 도전정신 사이의 균형 감각을 갖도록 하는 것 ⑤ 자율성을 바탕으로 창의적인 문제해결능력을 기르는 것이다.

5. 이것은 한국 교육의 폐단을 극복할 대안이자 우리 사회가 앞으로 가야할 미래의 교육이다.

이것을 기초로 가능한 반론들을 생각해보자.

A. 서울여상은 우수한 인재가 있으니 가능한 것이다.

서울여상을 벤치마킹하러온 다른 학교 선생님들이 종종 이런 말을 한다고 한다. 서울여상은 그래도 우수한 인재들을 데리고 시작하기에 이런 성과를 낼 수 있었는데 모든 특성화고가 이를 다 따라올 수는 없지 않겠냐고 말이다. 나도 그렇게 생각한다.

그러나 서울여상의 성공의 원칙과 비밀은 그대로 적용될 수 있다. 즉, 현실적인 가능성 속에서 진취적인 목표를 갖자는 것이고 그것은 자신이 가장 잘할 수 있는 분야에서의 차별화를 전제로 하는 것이다. 사회의 변화와 직군·산업 인력수요의 변화, 그리고 지역적 특성과 학생의 수준을 고려해서 특성화의 방향을 현명하게 결단하면 더 성공적인 고등직업교육이 안착할 수 있다. 그리고 이것은 당연히 학교와 교사의 피나는 노력을 전제로 하는 것일 수밖에 없다.

B. 문화는 단기간 내에 자리잡기 어렵다.

사실 근본적인 어려움은 여기에 있다. 시스템의 혁신에 성공한다고 하더라도 한번 자리 잡은 조직의 문화는 쉽게 바뀌지 않기 때문이다. 이것은 반대로 서울여상이 한동안 1등의 자리를 놓지 않을 것으로 기대할 만한 이유가 된다. 즉 문화를 바꾸기는 어렵지만 자리 잡으면 쉽게 바뀌지는 않는다.

단기간에 따라잡을 수 있는 것이라면 누구나 성공할 수 있을 것이다. 그렇지 않기 때문에 우리가 선도적인 모델을 연구하고 장단기적인 계획을 함께 고민해야 하는 것이다. 적어도 서울여상의 사례는 교육혁신이 학교 공동체의 건강한 문화와 동반되어야 진정한 성과를 거둘 수 있다는 것을 방증해준다. 이것은 불가능하다는 얘기가 아니다. 앞으로는 시스템이 아니라 이 문화의 비밀을 알기 위해 더 많이 고민해야 한다는 문제의식을 가져야 할 뿐이다.

C. 상승 지향적인 사회에서 고졸의 자리는 더욱 줄어들지 않겠는가?

서울여상의 성공은 반쪽짜리라고 말하는 사람들이 있다. 찬란한 과거는 과거에 대졸자들이 많지 않았을 때나 가능했던 것이고 최근에 와서는 고졸에 대한 유리 천장이 더 견고해져서 뚫고 올라가는 사례가 더욱 줄었다고 말이다.

그렇기 때문에 우리는 서울여상의 사례를 더욱 주목하고 지지해야 한다. 우리는 서울여상을 보며 '다 그렇게 할 수 없는 이유'를 찾으려는 것이 아니라 어떻게 하면 이것을 더욱 성공적인 모델로 만들 수 있는가를 고민해야 하기 때문이다. 마이스터고 제도가 안착되고 특성화고의 교육혁신이 계속되어 고졸 전문가들의 수준이 점점 더 높아진다면 합리적으로 인재를 채용해야 하는 기업에서 굳이 대졸과 고졸을 크게 차별할 이유가 없어진다.

학벌우대나 학력차별이 사라지지 않는다고 포기하는 대신 이것을 어떻게 없애야 하는가를 고민하는 것이 맞고, 그것은 능력 본위 사회를 만드는 게 더 합리적이라는 것을 사람들이 깨닫는 데 있다. 내가 구체적인 수치나 외형적인 성과가 아니라 왜 서울여상의 교육에서 기업이 원하는 인재들이 나올 수밖에 없는지 그 원리를 설명한 것은 그 때문이다. 많은 특성화고가 서울여상처럼 창조적이고 실용적인 전인적 인재를 양성한다면 사회는 그런 인재를 더욱 활용할 방법을 고민하기 시작할 것이다. 우리가 바라고 목표로 해야 하는 것은 바로 거기에 있다.

:::::: 선후가 바뀐 문제의식

서울여상의 성공과 직업교육(특성화고 개혁)에 대해 지인들과 이야기를 나누다보면 그 반론이 패배주의적인 시각에서부터 나온다는 것을 알게 된다. 나라고 그 현실을 모르는 게 아니다. 그리고 그것을 가장 잘 알고 있는 건 서울여상에 자녀를 보낸 학부모들과 서울여상 재학생과 졸업생, 그리고 교사진들이다.

나는 오히려 반대로 생각한다. 바로 우리나라 사회가 서울여상(과 같은 학교들)에 적응해야 한다고 말이다. 이런 얘기다. 여기에 보통의 대졸자들보다 훨씬 더 우수하고 준비가 잘 되어 있는 인재들이 무더기로 나오고 있다. 단지 이들이 고졸이라는 이유만으로 당신(기업)들과 함께 성장할 수 있는 기회를 봉쇄하고 단기 계약직으로 활용하는 데 그치겠는가, 아니면 이들의 전인적인 재능을 믿고 함께 미래를 꿈꾸겠는가를 묻고 싶다. 이 책의 뒷부분에 실린 서울여상의 성공에 관한 자료들과 서울여상 졸업생 및 재학생들의 인터뷰를 읽고 그 미래를 함께 고민해보자고 제안한다.

우리나라 사회의 많은 제도들이 선진국에 비해서 10~20년 정도 뒤처져 있는 걸 생각하면 서울여상의 사례로부터 퍼져나갈 고등직업교육의 혁신은 단순히 바람으로 그치지 않을 것이다. 사회의 인식변화와 더불어 사회 전체의 시스템의 변화, 제도적 혁신으로 이어질 가능성이 크다. 적어도 현재의 교육개혁의 방향이 그러하다. 나는 다만 이 개혁이 조금 더 근본적이고 과감하게 이루어져야 한다고 주의를 촉구하고 싶은 것이다.

제4장에서는 한국에서의 직업교육의 역사와 현실, 그리고 그와 대비해서 해외 여러 나라들의 직업교육에서 특기할 만한 점을 함께 논의하며 어떻게 그러한 변화가 일어날 것인지를 좀 더 이야기해보도록 하겠다. 덧붙일 필요는 없겠지만 우리에게 현재 서울여상이 존재한다는 것이 우리의 미래에 얼마나 큰 축복인지를 다음 장의 논의에서도 확인하게 될 것이다.

제4장

대한민국의 미래, 직업교육
시스템의 선진화에 달렸다

2005년을 기준으로 할 때 2030년이 되면 대학생의 비율은 60퍼센트 이하로, 그러니까 절반 가까운 수준으로 줄어든다. 출산율이 낮아져서 그렇다. 따라서 대학을 줄이든지 아니면 대학의 정원을 줄이는 방법 외에는 없다. 현재 정부는 대학을 통폐합하는 방안을 고민 중이며 이 대상이 되는 대학들은 정원은 줄이되 대학은 살려야 한다고 주장하며 반발하고 있다.

한편 현재 우리나라 대학의 경쟁력은 형편없다. 경쟁력을 어떻게 정의할 것인가가 문제가 되긴 하지만 우리와 비교할 기준이 되는 OECD 국가의 현실을 놓고 보자. (1) 우리는 세계적인 수준의 창의적 인재를 내놓는 비율도 부족하며, (2) 등록금은 상대적으로 높고, (3) 대학에 대한 지원은 상대적으로 낮으며, (4) 취업률 역시 상대적으로 떨어진다.

이런 상황에서 고급 전문인력이 아닌 중급의 전문인력을 조기 육성해 취업을 돕는다는 취지에서 오랫동안 유지되어 온 실업계(전문계) 고등학교 제도 역시 망국의 대학병에 휘말려 그 취지를 잃은 지 오래다. 2001년 취업자가 50퍼센트가 넘고 대학진학자가 40퍼센트 가량이었던 특성화고는 2010년 취업자는 20퍼센트 수준이고 대학진학자가 70퍼센트 수준인 '대학진학반'이 되어버렸다. 게다가 지난 10년 사이에 특성화고 역시 수십 곳이 통폐합되었으며 앞으로 이 속도는 가속화될 예정이다. 즉 대학이건 고등학교건 현재와 미래의 우리 자녀 세대들이 적절한 수준의 교육을 받아 취업을 할 수 있는 구조가 점점 열악해지고 있다는 말이다. 이에 대해 뾰족한 해법도 없다.

학력인플레가 이러한 문제의 근본 원인이다. 학력인플레는 우리 사회의 만성적인 병폐인 '1등 따라 하기'의 결과다. 물론 '승자독식'의 사회구조가 그러한 1등 따라 하기를 계속 지속시키는 힘이 되고 있다. 직업별 임금 격차도 크고 학력 간 임금 격차도 세계적인 수준이다. 그러다 보니 조금이라도 더 좋은 대학, 좋은 학과를 나와야 살 수 있다는 절박한 생존의 감각이 살인적인 교육비 투자를 유지하는 동력이 된다. 하지만 그 결과 좁은 문은 더욱 좁아지고 정작 일손이 필요한 곳에서는 사람을 구할 수 없는 악순환이 거듭되고 있다.

그러나 이런 사회구조는 지속되기 힘들다. 일단 '망하면 죽는다'는 사람들의 투기 때문에 부동산 투기 열풍이 지속되고는 있지만 종국엔 그 거품이 붕괴되는 것이 필연적인 것과 같다. 학력인플레 현상 역시 지속적인 사회를 만들어내는 데 실패하기 때문에 언젠가는 붕괴할 수밖에 없다. 부동산 거품 붕괴의 연착륙과 경착륙을 고민하듯, 학력인플레 붕괴의 연착륙을 고민해야 하는 이유가 여기에 있다. 왜곡된 인력수급구조는 결국 우리 사회의 인력재생산시스템을 파괴하게 될 것이기 때문이다.

최근 고졸 성공신화를 강조하며 언론이 서울여상 등 우수한 특성화고 성공사례를 강조하는 이유도 이런 절박한 문제의식이 점차로 사람들의 공감대를 얻고 있다는 방증이다. 모두가 한곳을 바라보는 1등 지향 사회에서 벗어나지 못하고, 각자의 자리에서 자신의 몫을 다할 수 있는 건강한 사회가 되지 않는다면 그 어떤 1등도 무의미해진다. 모두가 몰락의 길을 갈 수 밖에 없다. 그런 점에서 앞으로 정부와 교육당국에서도 지속적으로 직업교육 활성화 방안을 내놓을 것으로 전망된다.

:::::: 선진국형 인력생산구조로의 전환

우리나라에 서울여상과 같은 고졸 전문인력양성기관이 제대로 자리

잡기 위해서는 두 가지 병폐, 즉 기업과 노동에 대한 천시라는 망상에서

벗어나야 한다. 우리나라에는 기업과 노동에 관한 한 모순적인 태도가

만연해 있다. 삼성의 1등 신화 이면에는 재벌에 대한 뿌리 깊은 반감이

있다. 또한 지난 수십 년간 이룩한 우리나라의 경제적 비약에 대한 자부

심 이면에는 경제 신화의 토대였던 노동에 대한 깊은 경멸이 숨 쉬고 있

다. 이런 자부심과 자기비하의 공존이 건강한 직업문화를 만드는 데 가

장 큰 걸림돌이 되고 있다.

세상을 만들어가는 원동력은 기업의 생산활동이며 그 핵심은 노동

인력에 있다. 기업과 노동에 대한 존중이 토대가 되지 않은 사회가 선진국이 된 사례는 없다. 1등 따라 하기에 목을 매는 사회에서 선진국들의 기업 및 노동 존중의 문화를 배우지 못하는 것은 참으로 의아한 일이다.

OECD의 선진국의 경우, 중등교육은 개인의 진로를 결정하는 생애 최초의 교육이라는 관점하에 직업교육의 토대로 삼고 있다. 중등교육만 마치고 취업하는 것은 고등교육을 받지 못해 실패자의 길을 걷는 것이라고 경멸하는 사람은 거의 없다. 오히려 중등 단계에서 직업교육을 하는 것은 당연하며, 고등교육(대학 이상)은 옵션이라는 견해가 지배적이다. 이것이 직업교육 선진국의 기본시스템이다.

여기에서 몇 가지 선진국의 직업교육 유형을 살펴보는 것이 우리나라의 중등직업교육의 현재와 미래를 살펴보는 데 도움이 될 것이다.

독일이나 스위스의 경우 절반 이상의 청소년이 도제식 직업교육(현장에서 직접 교육을 받는 형태)에 참여한다. 도제식 직업교육이 활성화된 나라로는 호주, 덴마크, 노르웨이 등을 들 수 있다. 절반 이하의 청소년이 직업교육훈련을 받고 20퍼센트 정도만이 도제식 직업교육을 받는 학교 중심의 직업교육 국가는 프랑스와 영국이다. 그 외의 경우에는 일반계 교육 중심 국가라고 한다. 미국이나 일본, 우리나라는 마지막의 경우에 속한다.

그러나 미국이나 일본이라 하더라도 직업기초교육이 소홀한 것은 아니다. 미국의 경우 주마다 다른 교육체제를 채택하고 있어서 조금씩 다르기는 하지만 진학을 위한 인문고 진학률이 40퍼센트 정도이며 나머지 60퍼센트는 진학과 취업을 동시에 담당하는 종합고와 전문적인 직업고로 진학한다. 다양한 직업 아카데미와 전문대학, 개방대학 등 취업과 연계된 프로그램들 사이를 옮겨 다닐 수 있어서 개인의 선택의 폭이 훨씬 넓다. 게다가 연방정부의 지원이 훨씬 광범위하며 지역사회의 산업구조와 연계된 직업교육제도가 널리 활용되고 있다.

미국의 사례 중 주목할 만한 것은 취업과 진학을 동시에 준비할 수 있는 종합고등학교다. 즉 직업교육 자체로서는 부족할 수 있지만 아직 인생의 진로를 확고히 결정하지 못한 청소년들을 위해 전환가능한 기회를 제공함으로써 선택의 폭을 넓히는 제도인 셈이다.

일본 역시 이러한 방향의 제도개혁을 일찌감치 추진했다. 일본의 경우 1990년대 이전까지 고등학교가 보통과와 전문학과(직업교육)로 양분화되어 있었는데 총합학과로 제도화해 자신의 진로를 위해 직업교육 전공을 선택해 수업을 들을 수 있도록 되어 있다. 특히 표준학과 제도를 삭제하여 각 지역별, 학교별로 창의적인 교과 내용을 살릴 수 있도록 했다.

일본에는 도제식 교육을 간접적으로 지원하는 정시제 고등학교가 있다. 취업을 하고 있는 학생이 야간, 하계, 동계 등 일정하게 정해진 기간에만 학교에 나와 집중학습을 하고, 부족한 부분은 통신교육을 통해 학습하도록 운영하는 제도다. 전문계 고등학교에 재학중인 학생은 전체의 22퍼센트 정도지만 총합학과 제도를 통해 일반고등학교에서 직업교육을 받는 학생의 수까지 포함하면 적지 않은 학생이 직업교육을 받고 있어서 중등직업교육에 관한 한 우리나라보다는 훨씬 앞서가고 있다고 할 수 있다.

더욱이 일본의 중등직업교육의 선진화를 보여주는 것은 현장성을 살린 교육이다. 몇 년 단위로 산업구조의 변화를 반영하여 학과의 폐지와 신설이 매우 활발히 이루어지고 있기 때문이다. 전문계 고등학교에 대한 지원률이 일정한 수준(1.3~1.8 대 1)을 꾸준히 유지하는 것도 중등직업교육 체제가 안정화되어 있다는 것을 보여준다. 이 전문계 고등학교들은 각종 자격증 취득과 함께 대학, 기업등과 연계되어 기술개발 및 생산활동을 하는 전문가들의 양성소가 되어 가고 있다.

::::::: 직업교육 선진국들의 사례

　　직업교육에 있어서 가장 앞선 나라는 독일이다. 독일에서는 이미 초등학교를 졸업하면서 인문교육을 받을 것인지 직업교육을 받을 것인지를 결정한다. 인문교육에 해당하는 김나지움(Gymnasium, 중등교육기관)을 가느냐, 아니면 레알슐레(Realschule, 서비스 산업 분야)와 하우프트슐레((Hauptschule, 직업예비학교)로 진학하느냐를 결정하는 것은 초등학교 고학년 무렵이다. 이때 자신의 적성과 능력뿐만 아니라 교사와 학교의 조언이 결정적인 역할을 한다. 독일의 경우 대학교육이 무료이기 때문에 원칙적으로 대학진학이 모든 계층에 대해 열려 있는데도 불구하고 이미 초등학교 시절에 자신의 진로를 결정한다는 것이 매우 특이하다.

독일의 직업교육은 반강제적인 특성을 띤다. 김나지움 등의 교육기관에서 상위 교육기관으로의 진학을 꿈꾸는 학생이 아니라면 중등교육에서부터 직업훈련을 받아야 하기 때문이다. 특정한 직업교육을 선택하지 않으면 누구나 대학진학반에 들어야 하는 우리나라의 현실과는 정 반대라고 할 수 있다. 또한 독일의 직업교육의 가장 강력한 특징은 도제식 교육제도와 탄력적인 운영이다. 학교에 나와서 수업을 받는 일수를 최소한으로 줄이며 현장에서 숙련공들의 3분의 2 정도의 급료를 받으며 현장식 교육을 받도록 하는 제도가 운영되고 있기 때문이다.

도제교육훈련은 보통 3년 정도인데 우수한 성적을 거둔 학생들에게는 교육기간을 줄여 빨리 졸업장을 취득하고 현장으로 직접 진출할 수 있도록 돕는다. 이러한 현장중심의 인력양성제도의 정점이 바로 마이스터 제도다. 독일은 마이스터 자격증을 따지 않고서는 개업할 수 없는 분야들이 많아 기술인력을 존중하는 사회적 제도가 안정적으로 운영되고 있다.

독일의 특수성은 학교 중심의 직업훈련을 받지 않고 직접 현장에서 도제식 교육을 받은 사람도 고등교육기관에 진출할 수 있는 경로를 열어주는 데 있다. 이들에게는 학교에서의 보통 인문교육을 받을 기회가 없어 상위교육기관에 진학할 문이 줄어들기 때문에 이들이 진학을 희망

할 경우 상급전문중등학교를 통해 1년 과정으로 기술전문대학인 폴리테크닉에 입학할 수 있는 자격을 주고 있다. 폴리테크닉 역시 교육과정을 실용지향적인 것으로 바꾸어 학교에서의 기술교육과 현장과의 격차를 줄이기 위해 노력하고 있다.

그러나 이 오랜 역사를 가진 제도 역시 노동시장의 변화와 더불어 유연성이 부족하다는 비판이 잇따르자 최근에는 산업계의 기술발전에 대응하기 위한 신축적인 변화가 중요시되고 있다고 한다. 그 해결방식은 산업체 현장에서의 이론교육을 강화하는 한편 학교에서는 현장에서 필요로 하는 지식에 중점을 두는 것이다. 불필요한 중복을 막되 학교에서 직업세계로 용이하게 넘어갈 수 있도록 교육 내용을 현대화하려는 시도라고 볼 수 있다. 또한 평생직업이 점점 줄어들고 있으므로 평생직업교육을 제도화하는 여러 가지 보완책들을 계속해서 내놓고 있다.

이와는 다른 형태의 제도로 주목할 만한 것이 핀란드다. 우리나라처럼 국가 전체의 교육열이 높고 교육의 성과도 높은 나라여서 여러모로 비교가 되기 때문이다.

핀란드는 우리나라의 중학교까지에 해당하는 기초교육이 의무교육이며 그 이후에는 상급중등교육과 직업교육으로 나뉘는 중등교육기관이 있고 그 위에 대학과 폴리테크닉의 고등교육기관이 있다. 기초교육을 받은 학생 중 90퍼센트가 중등교육기관으로 진학하는데 중등직업교육 기관에 진학하는 학생은 약 절반 정도이며 최근 이 숫자는 줄어들고 있다. 폴리테크닉 위주의 고등직업교육이 안착하고 있기 때문이다.

폴리테크닉은 상급의 직업교육기관으로 전체 고등교육의 3분의 1 정도를 차지한다. 일반적인 대학교육의 공대에 해당하는 것이 아니라 자격증과 학점이수제, 현장실습제도 및 도제훈련제도 도입으로 매우 실용적인 직업교육을 담당할 수 있도록 되어 있다. 우리나라의 전문계고와 일반 대학의 중간 정도에 위치하는 교육을 담당한다고 할 수 있다. 고교와 상급직업교육기관을 연계시킨 한국형 폴리테크닉을 고려한다면 참고로 할 만한 제도라고 할 수 있겠다.

직업교육 선진국에서 찾을 수 있는 공통점은 산학 간 기술교류 인프라가 잘 구축되어 있다는 것이다. 이것은 우리나라에서도 최근 나타나기 시작한, 시대의 대세이기도 하다. 우리나라에서는 여러 대기업들의 석박사급 엔지니어와 임직원들이 대학 등과 연계하여 현장교육을 하는 사례가 빈번하게 발생하고 있다. 또 대기업에서 오랫동안 잔뼈가 굵은 임원급 퇴직자들이 전문계 고등학교의 교육자로 변신해 현장의 노하우를 교육현장에 돌려주는 현상이 나타나고 있기도 하다.

각종 전문계 고등학교에서 학교 기업의 활성화가 이루어지는 것도 현장과 연계된 실용적인 교육을 강화하는 방법이다. 예를 들어, 인터넷비즈니스학과 학생들이 재무관리와 마케팅을 담당하고, 디지털 정보처리를 전공하는 학생들이 쇼핑몰을 구축하며, 의상 및 디자인 전공 학생들이 제품을 개발해 웨딩 의상을 판매하는 전문적인 기업을 운영한다. 이렇게 각자의 전공을 살리면서 임금을 받는 직업훈련이 이루어진다. 도제식 교육훈련을 제도적으로 뒷받침해주지 못하는 우리나라 사회에서 현장형 실습교육의 필요성을 절감한 교육계가 스스로 해법을 찾아낸 경우다.

사실 그동안 우리나라에서도 다양한 인재 발굴을 위해 기업이건 대학이건 기존의 발상을 뒤집는 새로운 전형방법을 여러 번 시도했다. 국내 최대의 인터넷 카페를 운영하는 '얼짱 카페 운영진' 여학생이 대학에 합격한 것이 화제가 되기도 했다. 몇 년 전부터 우리나라에서도 생태계의 보존을 위해 종의 다양성이 반드시 필요하듯, 생산적인 조직을 위해서도 다양한 문화의 유입이 필요하다는 것을 깨닫기 시작했고 그것이 기업과 대학에서의 인재선발방식에도 영향을 끼친 것이다.

하지만 여전히 이러한 인재선발의 새로운 바람 역시도 '대학'을 중심으로 이루어지고 있다. 그러나 인재는 대학에서만 나오는 게 아니다. 현장에서 인재를 길러내고 그 인재의 능력을 알아보는 게 건강한 사회다.

우리는 세계적인 고졸 신화(라기보다는 대학 중퇴자의 신화라고 봐야 할 것이다)의 사례로 스티븐 잡스와 빌 게이츠만을 알고 있다. 그런데 세계적인 보험사 AIG의 마틴 설리번 사장도 고졸이다.

설리번 사장은 영국의 직업교육 출신이다. 기술고교를 졸업한 뒤 AIG 계열사에 사환으로 입사해 영업직으로 일했고 17년 만에 매니저가 된 후 31년 만에 운영최고책임자, 그리고 34년 만인 2005년에 CEO가 되었다. 그는 성공의 비결을 물으면 "AIG는 학력이 문제가 되지 않는다. 능력과 기술이 더 중요하다."고 대답했다.

우리나라에도 금호아시아나그룹 전략경영본부 전무를 지낸 선진D&C의 윤생진 사장, BMW 코리아의 김효준 사장, 고졸 출신 최초의 금융 CEO 이휴원 신한금융투자 사장, 이경준 전 KTF 사장 등 고졸 출신 CEO의 신화가 있다. 이들이 성공할 수 있던 배경에는 학력이 아니라 '실무능력 위주의 평가'가 있었다.

그동안 여러 능력 있는 인재들은 학력차별로 인해 애초에 대기업에 입사할 기회를 박탈당했고, 각종 인사제도의 불이익 속에서 자신의 능력을 보일 수 있는 기회 또한 제한되었다.

하지만 이제 실용적인 전문인력의 시대가 오고 있고, 와야 하는 상황이 되었다. 우리나라 사회가 어떻게 그러한 인력을 길러낼 것인가, 대학개혁에만 국한시키지 않고 인재양성의 폭과 깊이를 어떻게 확대할 것인가를 고민해야 한다는 뜻이다.

그런 점에서 선진국들처럼 중등직업교육에서부터 실용적인 전문인력을 기르는 제도를 확충해야 한다. 목포공고 출신으로 금호아시아나 그룹의 상무까지 된 윤생진 창조경영연구소 사장은 이렇게 말한다. 자신의 성공은 '입사 초기부터 현장 전문가가 되겠다는 목표를 갖고 끊임없이 공부를 한 덕분'이었다고 말이다. 현장에서부터 배우겠다고 마음먹은 훌륭한 전문계 고등학교의 인재들을 사회가 발굴할 기회조차 포기한다면 말이 되겠는가.

요즘 젊은이들에게 멘토를 물으면 서울대 안철수 교수를 예로 드는 경우가 많다. 안철수 교수는 매우 존경할 만한 인물이 맞다. 의대를 나와 의사로서의 안정적인 삶을 던지고 컴퓨터 백신 개발이라는 벤처에 뛰어들었다. 그리고 사업이 안정적이 되자 더 많은 공부가 필요하다며 유학길에 올라 이제는 우리나라 사회에서 어떻게 기업 생태계를 조성할 것인가를 고민하며 우리나라 사회에 중요한 담론을 던지고 있다. 최근 주식투자 신화를 이룬 시골의사 박경철 원장과 함께 우리나라의 지방대학을 다니며 청년들에게 꿈과 용기를 주는 희망 전도사 역할을 하고 있으니 가히 청소년들의 롤모델이 될 만하다.

그러나 이게 바람직한 사회일까. 안철수 교수나 박경철 원장은 분명 성공적인 인물이기는 하지만 매우 예외적인 사례이기 때문이다. 그 노력하는 모습을 보며 존경한다면 모르겠지만, 사회 거의 모든 분야에서 그렇게 자기혁신과 노력으로 성공한 인재들이 적지 않다는 점에서 이렇게 많은 청년들이 특정인을 자신의 멘토이자 롤모델로 삼는 풍조는 청년세대가 사회를 보는 시야가 그만큼 좁다는 뜻이 아닐까. 그것이 우리나라의 희망일 수 있을까.

게다가 우리나라 사회의 희망이 차별받는 지방대학 학생들에게만 주어져야 할 이유는 없을 것이다. 앞으로 우리나라 사회가 겪을 거대한 구조적 변동을 생각한다면 대학을 졸업하지 않은 청년들에게도 그러한 희망이 확대되어야 할 것이다. 그런 점에서 진짜 행복한 교육, 행복한 삶에 대한 고민이 더욱 커져야 한다고 생각한다.

교육계에서는 행복한 교육과 행복한 삶을 고민하는 선구적인 사람들이 기존의 교육체계의 실패를 인식하고 대안교육을 시작했다. 미국의 메트 스쿨, 독일의 발도르프 학교, 영국의 섬머힐 등 자유롭게 아이들이 자신의 재능을 개발하고 억압받지 않는 새로운 교육을 꿈꾸는 사람들이 많이 있다. 그러나 이것은 어쨌든 소수들만을 위한 대안이라는 점에서 역시 우리 모두의 희망은 아니다. 게다가 우리나라의 대안교육이 지향하는 바가 행복한 교육을 통해 대학에 가게 만드는 것이라면 더더욱 그렇다. 이상적인 우리나라 교육, 만족도가 높은 교육을 만드는 것은 불가능한 일일까.

이스털린의 역설이라는 게 있다. 사람들은 부유하면 행복해진다고 생각하지만, 세계가 더 부유해졌다고 해서 행복하다고 느끼는 사람의 비율이 높아지는 것도 아니며, 부유한 나라라고 해서 행복하다고 느끼는 사람의 비율이 가난한 나라보다 더 높은 것도 아니라는 것이다. 한 사회 안에서는 부유한 사람이 비교적 더 행복하다고 느끼는 비율이 높지만 모두가 더 부유해진다고 해서 그 비율이 증가하는 건 아니라는, 경제학의 역설이다. 즉 사람들이 행복을 느끼는 것은 상대적인 부의 비교에서 비롯되는 측면이 크다는 말이다.

한편 사람들의 만족도는 안정감에서 온다고 한다. 건강 및 직업, 가족의 안정이 행복의 토대이며 여기에 자기발전의 욕구가 결합될 때 삶에 대한 만족도가 높아진다는 것이다. 부유할수록 이러한 안정감을 획득하기 쉬우므로 행복도가 높아지는 건 당연하지만 상대적으로 덜 부유하다고 해서 이러한 행복감을 얻지 못하는 건 아니다.

사회 전체적으로 안정감을 높이는 길은 모두가 같은 목표를 향해 달리며 낙오자들이 '적은 몫'을 차지하는 사회가 아니라 모두가 각자의 적당한 몫을 추구하며 소수만이 더 큰 몫을 위한 투자(또는 도박)에 뛰어드는 사회를 만드는 것이다. 그러기 위해서는 학력 간 임금격차를 줄이고 중등직업교육을 활성화시켜 취업과 연계하는 직업교육 선진국을 만드는 것만이 답이다.

과연 젊은이들에게 벤처신화의 꿈을 심어주며 도전하라고 하는 것, 지방대 학생들에게 일류대와 경쟁하라고 부추기는 것, 주식투자로 성공한 사람이 청년들에게 미래를 내다보고 투자하라고 권하는 것이 우리나라 사회의 진짜 희망일지 진지하게 고민해보아야 할 것이다.

　서울여상을 비롯한 몇 개 특성화고의 성공 사례가 우리에게 그러한 희망을 주고 있지만 전반적으로는 아직 암울한 것이 사실이다. 학력에 제한을 두지 않는 공공기관 및 준 공공기관 공채의 경우 면접 등에서 실질적인 차별을 받고 있으며, 대기업의 경우 생색내기용으로 취업을 시킨 뒤 전공을 살리지 않는 분야에서 계약직으로 일하게 하는 사례도 적지 않다. 그러니 우수한 인력조차 전공을 살리지 못하더라도 일단 취업을 할 것인가, 아니면 대학에 가서 취업에 필요한 학벌을 딸 것인가를 고민해야 하는 상황에 놓이게 된다. 운이 좋더라도 전공과 관계없이 연봉을 많이 주는 대기업에 갈 것인가 아니면 연봉이 적더라도 전공을 살려 취업한 뒤에 해당 분야의 전문가로 성장할 것인가를 고민해야 하는 경우도 있다. 어떻게든 실용전문가를 지속적으로 길러내는 사회적 체제가 아직 미성숙했기 때문에 나타나는 현상이다.

그러나 이러한 현 체제의 탓을 하기보다는 어떻게 이 체제를 바꿀 것인지, 그리고 이 체제의 문제점을 극복하고 있는 우수 사례가 어떤 것인지를 고민하는 게 더 진취적인 고민의 방향이다. 그런 점에서 필자는 앞에서 우리나라 사회가 서울여상의 사례를 어떻게 흡수할 것인가를 문제의 출발점으로 삼아야 한다고 지적했다.

다른 성공 사례들을 보면서 희망을 가져보자. 우리가 꿈꾸는, 모두가 행복한 사회를 향한 교육개혁은 충분히 가능하다. 더 중요한 것은 이 사례들이 지금까지 우리가 강조해온 것과 같은 지향점을 향해 있다는 것이다.

최근 성공적인 학교 혁신의 사례로 꼽히는 대일디자인관광고와 경기국제통상고는 체험중심의 실습과정을 도입해 학생들의 몰입도를 높여 성공한 사례다. 특히 경기국제통상고는 인문계 고등학교 학생들을 위한 직업실습 과정을 개설했다. 인문계 보통교육과 직업교육을 결합한 사례다. 삼일상고는 ERP비즈니스 특성화고로 전환해, 졸업생 평균 연봉은 2,100만 원, 취업률과 진학률은 각각 5 대 5에 이르는 성과를 보였다.

이 학교 역시 특화된 프로그램으로 현장취업역량을 강화함으로서 실무형 직업교육에 성공했다.

서울여상을 비롯해 이런 진취적인 사례들이 암울한 현실 속에서 우리 중등직업교육의 미래를 밝게 비추는 주역이 되고 있다. 그리고 여기에 속속 동참하는 사람들이 늘고 있다. 르노삼성 인사담당 부사장이었던 이승희 부산자동차고 교장은 기업출신 공고 교장 제1호다. 그는 마이스터고등학교로 지정된 이 학교에서 자신의 대기업 시절의 경험을 모두 쏟아붓고 있다.

"옛날엔 공고 졸업생의 기술이 확실했는데 요즘은 취업 준비와 진학 준비가 분산돼 실력이 시원치 않다. 할 수 없이 고졸자 자리에 대졸자를 뽑고 있는데, 그쪽도 기술이 신통찮아 고민이 많다."

이승희 교장이 현장의 인사담당자들로부터 들은 이야기였다고 한다. 취업이 안 되니 진학 준비에도 눈을 돌리고, 그러다 보니 실력이 떨어진 것이다. 이 악순환의 고리를 끊기 위해 그는 실력을 기르는 것만이 해결책이라고 보았고, 더 중요한 것은 멘탈(정신)이라고 보았다.

"인사담당을 오래 해보니 출세하는 사람의 공통점은 '긍정'과 '최선', 두 가지였어요. 긍정적으로 최선을 다하면 자기를 키워주는 상사를 만나게 되어 있거든요. 처음엔 실력이 좀 뒤처져도 저절로 따라잡게 되지요."

이러한 자신의 철학을 학교에 심었고 그 결과 합격률이 30퍼센트 정도였던 자동차 검사 및 정비 기능사 시험에 신입생 97퍼센트가 합격하는 기염을 토했다.

이러한 혁신을 인정하고, 그렇게 배출된 인재들을 현장에서 활용해 계속 전문가로 성장할 수 있게 도와주는 사회, 충분히 가능하다. 그 희망을 우리는 보고 있다.

최근 남상태 대우조선해양 대표이사는 고졸 직원도 대졸 직원과 동등한 대우를 하겠다는 신규채용 계획을 발표했다. 성적은 우수하지만 일반 대학진학이 어렵거나 진학 외의 길을 선택한 고졸 신입사원을 선발해 취업을 통해 새로운 성장 경로를 걸을 수 있도록 한다는 것이 이 계획의 골자다. 현장에서 일을 배우며 사내외에서 훈련을 쌓으면 일정한 기간이 지난 뒤 대졸자와 동등한 대우를 받을 수 있게 한다는 것인데, 오히려 풍부한 실무경험으로 인해 더 높은 대우를 받을 수도 있다고 한다.

남상태 대표이사는 해외에서 고등학교만 졸업하고 기업의 현장에서 일을 배운 사람들이 (적절한 육성 프로그램과) 실무능력 배양을 통해 석박사 이상의 유능한 능력을 보이는 경우를 많이 보았다고 말한다. 더 중요한 것은 남상태 대표이사가 이를 단순히 국가정책에 대한 협조 차원이 아니라 '기업의 경쟁력을 높이는 방안'으로 생각하고 추진하고 있다는 점이다.

이는 초등학교 졸업의 학력으로 정부 고위직에까지 오른 부친의 가르침을 잊지 않고 현장업무 속에서 길러낸 실용적 전문가의 능력이 진짜 경쟁력이 된다는 사실을 깨달은 남 대표의 혜안이기도 하다. 생산직뿐만 아니라 사무직(과 관리직)에까지 '열린 경쟁'의 원칙을 도입한 대우조선해양의 앞서가는 정책은 지금까지 필자가 설명한 내용이 현실에서 구현될 선구적이자 모범적인 사례라 할 것이다.

이와 함께 이른바 '고졸 신화'의 주인공들인 고졸 CEO와 임원들이 자신들의 뒤를 잇는 고졸 인재를 길러내기 위한 '열린 채용'을 주도하는 것과 이승희 부산자동차고 교장의 경우처럼 대기업 임원 출신들이 전문계 고교의 교장으로 부임해 실력 있는 고졸 인재들을 길러내고 있는 것은 우리나라 사회의 거대한 변화의 흐름을 보여주고 있는 희망의 징후들이다.

수도전기공업고의 강희태 교장은 한국전력공사 출신이며, 거제공업고의 김현근 교장은 삼성중공업 자문역 전무였으며, 위성욱 동아마이스터고 교장은 삼성전자 상근자문역 상무, 이상문 부산해사고 교장은 STX 팬오션의 영업담당 전무, 장헌정 울산마이스터고 교장은 풍산의 기술이사, 최돈호 구미전자공업고 교장은 LG전자의 경영지원팀장 상무 출신이다. 이들은 현재 마이스터고에서 실력을 갖춘 인재들을 길러내는 데 자신의 인생경험을 아낌없이 쏟아붓고 있다.

또한 최병렬 이마트 사장, 장인수 OB 부사장, 김효준 BMW코리아 사장을 비롯해 삼성, LG 등 대기업의 임원진에도 적지 않은 고졸 출신이 포함되어 있다. 이러한 고졸 신화의 주인공 대부분은 명문 실업계 고교 출신이지만 현재 전문계 고교에서도 이들과 버금가거나 그 이상의 성과를 보일 수 있는 우수한 인재들이 육성되고 있다는 것을 사회가 인지하기 시작하고 있다. 그동안 사회가 이 인재들을 외면하고 그들이 재능을 발휘할 기회를 주지 않고 있었을 뿐이다. 이러한 변화가 우리나라 사회를 더 건강하고 활기차게 만들 진짜 희망을 보여주고 있다.

마이스터고등학교는 특성화고의 실패를 토대로 '전원 취업'이라는 목표와 함께 한국형 명장을 기르겠다는 취지로 만들어진 학교다. 그러나 마이스터고 제도는 전문기술중심의 공업 분야에는 잘 들어맞지만 상업이나 기타 분야의 취업교육에는 적용되기 힘든 한계가 있다. 더군다나 전원 취업이라는 목표도, '취업과 진학' 중에서 선택할 수 있는 권리를 애초에 박탈한다는 점에서 바람직한 것만은 아니다. 따라서 특성화고는 나름의 장점을 살려 활성화시키고, 인문계 고등학교에서 직업교육과 연관된 종합형 교육을 제공함으로써 중등직업교육의 일반화를 진행해야 한다.

다시 말해 현재 진학과 취업을 동시에 목표로 하는 특성화고의 성향을 일반고등학교로 확대하는 동시에 특성화고는 취업을 1차적인 목표로 하는 전문적인 직업교육기관으로 전환해야 한다는 것이다. 반대로 대학은 소수의 전문가들을 키우는 기관으로 탈바꿈해야 할 것이다.

이러한 대전환은 모두의 인식이 바뀌어 공감대가 이루어지지 않으면 이루어지기 어렵다. 그렇기에 이 책에서는 통상의 인문계 교육에서 수능과 논술 위주로 가르치며 길러내는 일반 지능이 학생의 미래 성취도를 예측할 수 있는 일반적인 지표가 될 수 없다는 걸 강조했던 것이다. '현재의 교육은 어중간한 인재들을 대량으로 길러내어 개인이나 사회 모두에게 낭비를 초래한 무의미한 교육체제'라는 것을 인식하는 것이 시작점이기 때문이다. 실용적 전문교육이 대세가 되어야 하고 그 위에서 연구 중심의 대학이 활성화되어야 일반적인 교양지식을 갖춘 대학 졸업자들의 제 몫이 정해질 수 있다.

현재처럼 대학을 졸업하고 고졸과 똑같은 영업직에서 일하는 하향취업이 대세가 되는 것만큼 사회적인 낭비가 없다. 대학을 가기 위해서, 그리고 취업을 하기 위해서 각종 창의적 체험활동과 입사지원서에 적어 넣을 스펙을 쌓는 부수적인 노력들을 고려한다면 더더욱 그렇다. 그 시간에 한 분야에서 전문적인 경력을 쌓은 고졸 인재가 훨씬 더 큰 경쟁력을 가진다는 것을 우리 모두가 인지했으면 한다.

더 많은 연봉을 주고 더 많은 교육을 시켜야 하는 대졸자보다 더 적은 연봉으로 더 높은 직무 적합성을 보이는 고졸자들을 우대하는 것이 기업으로서는 더 합리적인 선택이다. 그들이 대졸자들의 취업과 같은 연령이 되었을 때 관리자로 성장할 수 있는 훈련이 제공된다면 더 바랄 나위가 없다.

이러한 체제의 토대를 마련하기 위해서는 앞서 말한 모든 요소들이 종합적으로 구현되어야 한다. 즉 (1) 산업·직군별 수요를 토대로 한 중등직업교육의 혁신 (일본처럼 새로운 학과와 학교를 도입하고 수요가 줄어드는 분야는 과감히 통폐합을 하는 교육개혁이 지속적으로 이루어져야 한다) (2) 현실에서의 경험을 일찍부터 쌓는 교육 (전공과 관련된 학교 기업이 활성화되는 한편, 기업 및 대학과의 연계가 더욱 강화되어야 한다) (3) 현장경험을 토대로 공부와 연구가 지속될 수 있는 평생교육 (선취업 후진학을 돕는 산업근로자 교육제도와 지원이 더욱 강화되어야 하며, 산업구조조정과 관련해 유사 직군으로의 전환을 돕는 성인교육도 강화되어야 한다).

이렇게 된다면 대학에 가지 않아도 되는 사회가 구축된다.

지금까지의 논의가 대학교육 자체가 무용하다는 주장은 결코 아니다. 현재 대학교육의 실패를 현실로 인정하고 '대학을 가지 않아도 4년 먼저 현장에 뛰어드는 인재들'을 길러내는 방법을 고민하자는 취지에서 강하게 비판을 했을 뿐이다. 서울여상과 같은 모범적인 사례를 바탕으로 중등직업교육이 성공적으로 안착한다면 대학과 같은 고등교육기관 역시 제자리를 찾을 것이라는 게 필자의 생각이다.

앞으로 특성화고에서 대입 진학반을 따로 운영하지 못하게 하려는 것이 교육당국의 입장이다. 중등직업교육이 제 기능을 발휘하지 못하고 있다는 판단에서다. 현재 대학 진학을 목표로 '정원외 입학' 제도를 성공적으로 활용해온 특성화고의 위상이 흔들릴 수밖에 없게 됐다.

그러나 장기적으로 대학이라는 고등교육을 목표로 하는 학생이 특성화고 진학을 꺼릴 이유는 전혀 없다. 기본적으로 특성화고는 '4년 먼저 현장으로' 나가는 것을 목표로 삼되 '선취업 후진학'이라는 방향을 열어놓고 있기 때문이다. 전문계 고등학교 출신의 정원외 입학보다는 산업체 재직자 특별전형이 앞으로 더욱 활발해질 것이다.

영국처럼 대학이라는 일반 교육기관이 아닌 형태의 다양한 고등교육기관이 전문인력의 고등교육을 담당하는 체제가 만들어질 가능성도 있다. 따라서 '좀 더 많은 공부'에 목말라할 전문계 고등학교 출신들이 원하는 만큼 더욱 공부를 할 수 있는 길은 앞으로도 계속 더 크게 열릴 것이다. 이것이 대학이 전문인력양성과 관련해서 앞으로 더욱 강화할 재교육 기능이기 때문이다.

기업에서 볼 때 현장에서 실무능력을 배양한 인력을 대학과 같은 외부기관에 위탁해 고급관리직으로 성장시키는 것은 대학 출신을 채용한 후 실무에 종사시켜 고급관리직으로 성장시키는 것보다 더 매력적인 측면이 있다. 두 인재의 기업에 대한 충성도는 질적으로 다를 수밖에 없기 때문이다. 그러므로 고졸 신규채용 후 사내교육의 형태건 위탁교육의 형태건 고급인재양성 코스를 마련해 기업의 중추인력으로 성장시키는 것이 앞으로 더욱 활발해질 가능성이 높다.

　앞서 대우조선해양의 새로운 인재채용 전략 역시 이러한 전망과 대체로 일치하는 모습을 보이고 있다. 그러니 취업과 진학 모두에 매력을 느끼는 청소년들이라면 전문계 고등학교에 진학하는 것을 꺼릴 이유가 점점 더 줄어들 것이다.

 에필로그
1등 지향 사회에서 능력 본위 사회로

앞서 안철수 교수와 박경철 원장이 대다수 대학생들의 롤모델이 되는 사회는 건강하지 못하다고 말했다. 5,000만 명 중 한 명이 수십만 명의 롤모델이 되는 사회보다는 저마다 자신이 꿈꾸는 분야에서 1등을 한 사람을 롤모델로 삼는 사회가 건강한 사회다. 그런 의미에서 우리 사회에는 고쳐나가야 할 잘못된 인식들이 많다. 대표적인 것이 교육담론을 사교육에 넘겨준 우리의 문화다. 학부모들의 불안을 자극하며 가짜 희망을 팔아서 먹고 사는 거대한 기생 사업이 우리의 100년 대계를 좌우하고 있는 게 현실이다.

국가경쟁력이라는 허구도 마찬가지다. 21세기를 주도할 강한 한국은 명문대 출신이 만드는 게 아니고 대기업 하나가 만드는 것도 아니다. 애플과 마이크로소프트만으로 미국이 강국이 되는 것도 아니며, 페이스북과 구글만이 문화혁신을 주도하는 것도 아니다. 창의적 인재나 기술혁신의 롤모델에서도 1등 하나만을 보고 달리는 우리나라식의 왜곡된 시야가 언론에 그대로 반영되어 사람들의 착시를 일으킨다. 그렇게 기업과 산업 생태계를 바꾸는 인재는 몇천 만 명 중 한 명이 나올까 말까한 드문 사례인데다 교육의 산물이 아니다. 모두가 행복해지려면 매년 쏟아지는 수십만 명의 인재들이 적재적소에 배치되도록 하는 거대한 담론을 이야기해야 한다. 소수의 성공 사례는 매우 달콤하지만 그것은 우리 모두를 위한 담론이 아니기 때문이다.

우리가 배울 수 있고 써먹을 수 있으며 모두가 성공할 수 있는 롤모델이 무엇인가를 고민하자. 필자는 그것을 서울여상에서 찾았다. 서울여상을 취재하면서 가장 놀라웠던 것 중 하나가 재학생들의 학교 만족도가 매우 높다는 것이었다. 어느 입시 명문고를 가더라도, 아니 그 입시 명문고가 목표로 하는 어떤 명문대를 가더라도 재학생들의 학교 만족도가 그렇게 높은 경우는 없다. 우리나라 사회는 병들어 있는데 학생들은 건강하게 자신들의 삶을 즐기고 있었다. 이러한 교육을 널리 확산시킬 수 있는 방법은 없을까. 단지 언론에서 일시적으로 조명되는 기사로 그치는 게 아니라 서울여상이라는 예외적인 사례를 우리 모두의 재산으로 만들 수는 없을까. 필자의 문제의식은 거기에서 시작되었다.

그 해답은 누누이 말한 것과 같이 우리나라 전체가 실용적인 전문가를 우대하고 기르는 사회, 현장에서 배우는 지식과 경험을 중시하는 사회가 되어야 한다는 데 있었다. 그리고 현장밀착형의 실용적인 인재를 길러내는 모범답안이 서울여상에 있다. 기초적인 인성교육의 성공, 대학졸업자들 부럽지 않은 실무능력, 취업 후 자기계발을 통해 CEO까지 바라보는 전문가로 성장할 수 있게 만드는 교육의 로드맵, 현실과 이상이라는 균형감각을 갖춘 진취적인 인재들. 기업이, 우리 사회가 원하는 인재들이 여기에 있었다.

왜 우리에게 스티브 잡스가 없다고, 빌 게이츠가 없다고, 주커버그가 없다고 한탄하는가. 그들을 길러낼 수 있는 토대를 현재의 학력인플레 속에서 과평가된 대학교육에서 찾는 것이 문제 아닌가. 왜 그들이 스스로 현장에서 이룩한 혁신을 교육에서 찾으려고 하는가. 누구보다 빨리 현장에 뛰어들어 자신의 능력을 발전시키려는 인재들이 있는데 말이다.

서울여상은 이미 고교 시절부터 창업에 걸맞은 기업활동을 배운다. 교내 기업 마이트라의 존재가 바로 그것이다. 중앙대의 박 총장이 회계를 가르치겠다고 한 취지가 바로 여기에 있을 것이다. 그러나 대학에서 회계학을 배운다는 건 그저 공허한 숫자놀음을 배우는 것으로 그칠 가능성이 크다. 회계와 재무제표에 회사의 실질적인 운영이 반영되지 않기 때문이다. 일반적으로 기업에 들어간 회사원들은 6개월에서 1년이 (혹은 그 이상의 시간이 지나야) 비로소 사업이라는 것의 실체를 조금이라도 알게 된다. 그리고 그동안 자신이 할 수 있는 것과 해야 할 일의 깜냥을 짐작하지 못해 허송세월을 보내기 일쑤다. 하지만 직접 제품을 기획하고 마케팅 플랜을 짜고 바이어와 협상을 해봄으로써 현장의 감각과 함께 자신이 일으킬 수 있는 혁신의 범위, 고민해야 할 업무의 범위와 역량을 알게 되고 이를 통해 현실적인 창조적 기획력을 발휘한다는 게 무엇인지 배운다.

동아리에서 공모전에 입상하는 것 정도가 창조적인 마인드의 훈련이 되는 대학의 교육과는 질적으로 다른 것이다. 애플과 구글의 창조적 마인드는 현장에서 나오는 것이지 고전의 소양과 자유로운 망상에서 나오는 게 아니다. 이 점에서 서울여상의 교육은, '인문학은 죽었다'고 외치는 공허한 논의보다 두 걸음은 앞선 창조적 교육의 실체라고 할 수 있다. 그 힘을, 가치를 이제 제대로 보자고 말하고 싶다.

필자는 이 책을 통해서 우리 모두가 진짜 희망을, 건강하고 행복한 미래를 고민했으면 한다. 이미 올바른 방향을 고민하고 있는 교육 담당자들과 정부가 어려운 현실에도 타협하지 말고 지속적인 교육혁신을 뚝심 있게 추진하기를 바란다. 알아주지 않고 티 나지 않는 문제를 오랫동안 고민하며 힘써온 여러 사람들에게 이 책이 힘을 실어주는 계기가 되었으면 한다. 그리고 기업에서 인력문제를 고민하는 분들이 진취적으로 고졸 인재들의 채용과 지속적인 교육에 더욱 적극적이 되기를 희망한다. 기업이 생각을 바꾸어 고졸 인재들과 기업의 미래를 함께 만들어나간다면 우리나라 사회가 바뀔 것이기 때문이다. 이것이 바로 상생의 전략이다.

또한 본인의 진로에 대해 고민이 많은 중학생과 그 학부모들이 이 책을 통해 진지하게 미래를 다시 생각해보기를 바란다. 대학만이 해답이 아니라는 결심의 무게를 조금이라도 덜어줄 수 있다면 이 책의 소기의 목적은 달성한 것이다. 마지막으로 우리나라의 교육문제에 관심을 가진 일반 독자들이 이 논의에 동참한다면 더 바랄 게 없겠다.

물론 이 모든 논의는 서울여상의 모든 교직원과 동문들 덕분에 가능한 이야기였다. 그들이 만들어온 희망이 계속 이어지도록 하는 것이 우리 모두의 과제다.

부록
서울여상 교사 및 관계자
인터뷰

40년 넘게 서울여상의 교장을 맡아 학교를 이끌어오고 있는 한상국 교장선생님과 인터뷰를 했다. 학교의 연혁과 이념, 운영방침에 대한 전반적인 질문을 했다.

질문 : 역사가 오래되었는데 학교의 설립 배경에 대해서 간단히 설명한다면?

대답 : 구한말, 그러니까 대한제국 당시 참정대신을 지낸 증조부 한규설 대감은 을사늑약에 반대하시고 감금된 상태에서 이완용에게 참정대신 자리를 넘겨주어야 했다. 한일합방 이후 증조부께선 일본에서 주는 작위를 거절하고 조선의 독립을 위해선 교육이 중요하다고 생각하고 이상재 선생과 함께 민립대학 설립운동을 하는 등 교육운동에 뛰어드는 한편 독립운동을 뒤로 많이 도왔다. 그 인연으로 이승만 박사께서 오랜 망명을 끝내고 귀국했을 때 감사를 표하기 위해 우리 집을 찾아왔다고 한다. 당시 증조부께서 조부에게 조선의 어머니들이 교육을 잘 받아

야 나라의 동량을 길러낼 수 있을 것이라고 강조하며 여성교육을 하라고 했고, 특히 집안 살림이 나라 살림의 기초라고 보았기에 수리교육에 뜻을 두라고 했다. 그래서 경성여자상업학교가 세워졌다.

대답 : 당시 외무부나 외국 기업 등 정재계로부터 영입의 손길이 있었던 건 사실이다. 당시에도 서울여상은 최고의 실업교육기관이었지만 어디나 그렇듯이 내부적으로는 어려움도 있었다. 가업이기도 하지만 교육사업의 중요성을 생각하면 여기에 힘을 보태는 것이 사명이겠다 싶어서 경기도교육청에서 실시한 임용고사를 보고 영어 교사가 되었다.

대답 : 첫째는 수학 박사이고 둘째는 금융계통으로 미국 유학을 다녀왔지만, 현재 중학교에서 교사를 하고 있다(첫째는 교장). 작은 가게라도 계속 이어가면 전통이고 장인정신이라고 하지 않던가. 학교를 계속 이어

가면 족벌이라고 비판받기도 하는데, 중요한 건 설립 이념을 계속 이어가는 것이라고 생각한다. 성실, 근면, 정직, 신뢰, 배려 등의 가치와 정신을 잃지 않고 그 전통을 이어가고 싶다.

대답 : 정치외교학의 전공과 어학능력을 바탕으로 사회에 도움이 되고 싶었고 서울여상의 전통과 맞닿은 체육 활성화라는 대의에도 맞아 잠시 탁구협회의 일을 맡았다(한국탁구협회 부회장). 그러면서 외국에 자주 나갔는데, 그 기회를 살려 외국의 중등직업교육의 현실을 많이 보고 배울 수 있었다. 전문계 중등교육을 받은 사람과 일반 교육을 받은 사람을 모두 받아서 기초부터 가르쳐야 하는 전문대학은 사실 전문화에 있어서 효율적인 교육 제도가 되지 못한다. 그래서 폴리테크닉이 실업교육에 있어서 좋은 제도가 될 수 있으리라고 생각했다. 학교를 졸업한 학생도 자신의 발전을 위해 더 많은 교육을 필요로 하는데, 그 수요에 부응해 모교가 일정한 역할을 해주고 싶기도 했다. 언제 어디서나 누구든지 필요로 하는 교육을 받도록 하는 것이 선진적 교육 제도인데, 그러기 위해서는 말하자면 누구나 하나의 노선을 따라 진학하는 단선제를 극복

하고 제도를 다양화할 필요가 있다고 생각했다. 다양한 학제를 만들어 교차와 선택이 가능해야 하기 때문이다. 그런데 당시 전문대학 쪽에서 입지가 좁아진다고 반대가 심해 뜻을 이루지 못했다. 하지만 실험 실습 위주의 수준 높은 교육이라는 이상을 위해 준폴리테크닉 기능을 할 수 있도록 서울여상을 발전시켰다.

대답 : 상업을 버린 것은 아니었다. 다만 전산 교과에 중점을 많이 둔 것이었을 뿐이다. 당시 어느 학교보다도 빨리 초고속 랜선을 깔고 멀티미디어 장비를 갖추었지만 그것이 상업교육의 본연은 아니라고 느꼈다. IT는 인프라가 되겠지만 그걸로 고용창출이 계속 이루어지긴 어렵다고 보았다. 그래서 IT를 기반으로 넓은 영역에서 활동할 새로운 전문가들이 더 많이 필요할 것이라고 생각하고 학과를 구상했다. 한국은 수출로 먹고 사는 나라이므로 국제통상 분야의 수요가 지속적이다. 또 IT는 IT 자체로 끝나는 것이 아니라 그것을 기반으로 활동할 사람들이 있어야 한다. 그래서 창업자를 길러낼 인터넷비즈니스학과를 만들었다. 그리고 금융이 종합적이고 글로벌한 산업으로 발전하고 있으니 이 분야의 수요

가 늘 것이라는 판단을 했다. 그렇게 해서 국제통상, 금융정보, 인터넷비즈니스, 세 학과가 만들어졌다. 첨단 분야가 아니라 상업 분야라고 해서 특성화 인정을 받기가 어려웠지만 상업이야말로 이론적 기초가 탄탄하며 지속적인 수요가 있는 분야가 아닌가.

대답 : 미국에서 공부할 때부터 민주적인 시스템에 대한 고민을 많이 했다. 이제는 뛰어난 능력을 가진 개인이 중심이 되는 것이 아니라 집단적인 협의를 통해서 힘을 얻는 시대가 아니겠는가. 나 역시 교육철학의 중심을 잃지 않지만 모두의 동의를 얻어야만 일을 추진한다. 당위를 공유해야 그것이 조직의 힘이 되기 때문이다. 서울여상의 교명을 지킨 것도 마찬가지다. 상업교육이 어려움을 겪었지만 그것은 상업이라는 이름 때문이 아니라 교육 내용에 문제가 있기 때문이라고 설득했다. 실질을 갖출 때 브랜드가 가치를 가지는 것이지 브랜드만 바꾼다고 실질이 생기는 건 아니라고 말이다. 시대에 맞추어 유비쿼터스로 가자는 주장도 있었다. 하지만 과거의 상업이 아니라 업그레이드된 상업교육이라면 경쟁력이 있다고 설득해 동의를 얻었다.

대답 : 물론이다. 취업중심 교육이고 실제로 취업희망자들을 설득하지만 강요는 없다. 선택할 수 있도록 한다. 정직하게 정보를 제공해 본인들이 확신을 갖도록 하는 게 중요하다.

대답 : 학생에게 강요하지 않듯이 교사에 대해서도 마찬가지다. 그래서 교사들이 서로를 교육시키며 발전을 꾸준히 이루어가도록 하고 있다. 인성과 열정, 따뜻한 마음을 가진 사람들만이 서울여상의 교사가 될 수 있다. 적어도 대학에서 성실하게 공부했고 자격증을 갖추고 있다면 누구든지 중고등학생을 가르칠 실력은 된다. 부족한 것은 자기계발과 연수를 통해서 보충해나갈 수 있다. 하지만 열정과 사명감, 인성은 그렇게 배울 수 있는 게 아니지 않은가. 자발적인 노력을 통해 모두가 함께 성공을 할 수 있다.

대답 : 자기가 나가야 할 분야를 선택하고 그 분야의 전문가가 될 수

있도록, 혹은 그 기초를 튼튼하게 갖출 수 있도록 학교교육이 심화교육을 해야 한다. 현실적인 수요가 없는 분야에서 불필요한 내용을 가르치면 실패할 수밖에 없다.

서울여상 한상국 교장선생님과 학생들.

INTERVIEW 2

이춘덕 서생님은 1974년 입학해 1977년 제47회로 졸업한 서울여상 동문이다. 그는 2학년 때 우리나라 최초의 주산 10단이 되었으며 3학년 인 1976년 서울시민회관에서 열린 국제계산기능올림픽에서 우승을 한 전설적인 학생으로, 1982년 일본에서 열린 세계계산기능대회에서 전종 목에 걸쳐 우승하여 한국 최초로 기네스북에 오른 계산의 명인이기도 하다(당시 10만 단위 숫자 두 개의 곱을 5초 만에 풀었다).

질문: 당시 꽤 유명인사였는데 어떻게 학교로 돌아오게 되었는지?

대답: 졸업과 동시에 조흥은행 본점에 입사를 했고, 은행 지로관리사 무를 맡은 금융결제원이란 곳에 스카웃이 되었다. 당시 계산능력을 겨 루는 세계대회가 일본과 대만에서 여러 차례 열렸기에 이름이 알려져 서 일본의 독지가로부터 후원을 해줄테니 일본으로 오라는 제의를 받 기도 했다. 하지만 내가 가진 능력을 후학을 키우는 것에 쏟는 것이 더 보람찬 일이 아닐까 해서 성균관대학교에서 회계학을 전공하면서 교직

을 이수해 1983년에 모교로 부임했다.

질문: 오라는 곳이 많았는데도 학교에 돌아올 정도로 모교에 대해 애착을 느낀 이유는?

대답: 전통의 힘이었던 것 같다. 지금도 그렇지만 당시 내가 다닐 때도 인간적으로 여러 가지 면에서 존경스러운 선배들이 많았다. 특히 전국에서 학생들을 모집하고 전원 기숙사 생활을 할 때 학교를 다녔던 선배들은 학교에 대한 애정과 헌신이 매우 대단했다. 나 역시 학교에서 배울 때 즐겁고 행복했다. 그 전통이 자랑스러워서 그것을 이어가는 데 힘을 보태고 싶었던 게 아닐까 생각한다.

질문: 회계학을 전공하고 현재 금융경제를 가르치시며 상담부장을 맡고 계신데 어떻게 상담교사가 되셨는지? 또 대학에서 배울 때와는 현재 많은 내용이 달라졌을 텐데 어떻게 준비하셨는지?

대답: 교사는 여러 부서를 옮기며 근무를 하게 되는데 성향상 상담부서가 가장 잘 맞았다. 그래서 전문적인 연수를 거치며 상담교사 자격증을 취득했다. 전공의 경우, IC 특성화 시기에는 전산회계과에 있었다. 특성화가 될 시기에는 남편이 미국 대학에 초빙을 받아 잠시 휴직해 학

교를 떠나 있었다. 돌아왔을 때 인터넷비즈니스과에서 회계를 가르칠 수도 있었지만 교장선생님이 새로운 분야에 도전해보는 게 어떻겠냐고 권유해 금융 관련 연수를 거쳐 금융경제를 담당하게 되었다. 물론 그 과정이 쉽지는 않았다. 금융투자(당시 증권업)협회를 통해 여의도에서 금융법규 연수를 받으러 갔을 때 나를 제외하곤 모두 현직 금융 관계자들이었다. 하지만 공부한 만큼 성장할 수 있으니 힘들지만 보람이 있었다.

질문: 취재를 통해서 느낀 건데, 가르치면서 본인 스스로 전문가가 되는 것이 서울여상 선생님들의 특징이라고 여겨졌다. 금융분야의 전문가로서 금융투자에 손도 대시는지? (웃음)

대답: 물론 계속 동향을 체크하고 새로운 정보와 지식을 받아들이다 보니 일반인들보다는 보는 눈이 더 넓고 깊을 수는 있겠다. 하지만 교육자의 본분을 잊고 재테크에 손을 대게 되진 않더라. 그런 것보다는 내가 가르치는 아이들이 그때그때 이슈가 되는 금융 문제들에 대해 정확히 이해를 하고 나름대로 판단을 내릴 수 있을 정도로 성장하는 것을 보는 게 더 보람이 있었다. G20 대회 때도 주요 의제였던 환율 문제, 이른바 커런시 워(Currency War)에 대해 아이들 스스로 알아서 정보를 찾고 정확히 판단을 내리고 있더라. 그럴 때 정말 보람을 느낀다.

질문: 평소에 상담 업무는 어떻게 이루어지는지? 어떤 문제로 주로 상담을 하는지?

대답: 교장선생님의 평소 지론이 모든 교사의 상담교사화다. 전 교사가 1년에 15시간 이상 상담 분야의 연수를 받는다(서울여상 교사는 연수를 정말 많이 받는다). 교사라면 누구나 상담을 할 수 있는 전문적인 스킬과 마인드를 갖추어야 한다는 것이다. 그래서 모든 교사들이 전면적으로 상담을 하고 있고 그중에서도 특히 집중적이고 지속적인 관리가 필요한 학생들이 상담부서에 의뢰를 한다. 학교에서의 부적응문제보다는 주로 가정(경제나 부모)문제가 많기 때문에, 단기간에 쉽게 해결되지 않으므로 꾸준히 관리를 한다.

질문: 기억나는 사례가 있는지?

대답: 모두 기억한다. 이런 경우도 있었다. 어머니 혼자서 아이를 키우다가 재혼을 해서 혼자 살던 아이였는데 경제적으로 어렵다 보니 집에 전화도 끊긴 상황에서 우울증에 걸려 학교도 나오지 않았다. 그런데 담임선생님이 전화가 끊긴 걸 알고 전화국에 연락해서 전화비를 대신 내고 다시 개통해서 아이와 통화를 했다. 그렇게 설득해서 다시 학교로 돌아오게 했다. 그런데 선생님이 그 이야기를 전혀 하지 않았기 때문에 아

이는 그런 상황(선생님이 돈을 내 준 것)을 전혀 모르고 있었다. 지금은 회사 잘 다니고 독립해서 잘 살고 있는데, 얼마 전 재혼한 어머니를 다시 만나서 이야기를 하던 중 그때 상황을 알게 된 거다. 담임선생님에 대한 고마움이 새삼 느껴져서 찾아오겠다고 연락을 해왔다. 과거에 복지제도가 많지 않았을 때 교사가 정말 어려운 학생들을 사비로 도와준 경우가 있었다. 등록금도 내기 어려운 학생들이 있다. 그런데 도와준 사람은 잊어버려도 도움을 받은 학생들은 잊지 않고 있다가 사회에 나가 자리를 잡으면 돈을 들고 찾아온다. 자기처럼 어려운 후배들을 지원해달라고.

질문: 장학제도는 어떻게 운영되는가?

대답: 현 정부 들어서 등록금 중 60퍼센트 이상을 차지하는 수업료를 국가에서 지원한다(희망사다리 구축 사업). 물론 그 나머지를 내는 것도 어려운 학생이 많다. 전체 750명 학생 중에서 300명 이상이 급식 지원을 받고 있다. 하지만 외부 장학금, 특히 동문장학금이 매우 활성화가 잘 되어 있어서 거의 99퍼센트의 학생이 장학금을 받고 있다.

질문: 그렇다면 경제적으로 어려운 학생들이라도 안심하고 다닐 수 있겠다. 다시 상담으로 돌아가면, 학업·취업이라는 문제로 스트레스를

대답: 고1때 많은 스트레스를 받는다. 다들 중상위권의 성적을 받던 학생들이 모인 학교라 대부분 자기가 기대하던 것보다 낮은 성적을 받기 때문이다. 미리 이런 충격을 예상하고 타격을 받지 않도록 세심하게 교육을 한다. 경쟁 체제에 휘말리지 않도록 성적도 공개하지 않는다. 성적이 낮다면 적성에 맞는 자격증을 따는 것에 집중하라는 식으로, 자신이 세운 목표에 집중하도록 격려를 한다. 사실 좋은 성적으로 먼저 취업이 되는 학생보다 나중에 취업한 학생이 좀 더 좋은 직장에 간다거나, 졸업 이후부터 학교에서 훈련받은 적성과 재능이 꽃을 피우는 경우가 많다는 걸 교사들이 잘 알고 있기 때문에 교사들부터 성적에 연연하지 않는다. 1등이라고 더 특별대우를 하는 것도 아니고, 학생회 임원이 되는 데 좋은 성적이 필요하지도 않다. 최근에는 꽤 하위권이었던 학생이 졸업 후 공인회계사 자격증을 따서 학교를 찾아오기도 했다. 이런 것을 매년 보고 겪기 때문에 공부 잘하는 학생들을 더 몰아세우기보다는 경쟁에 약한 학생들이 자신의 장점을 발휘할 수 있도록 돕는다. 우리는 공부만 하지 않는다. 매년 분기별로 많은 활동이 있고 그것을 통해서 경쟁주의가 완화된다.

INTERVIEW 3

많은 선생님들과 인터뷰를 했지만 다 수록하기가 힘들었다. 하지만 '취업지도' 담당 교사의 이야기는 꼭 들어볼 필요가 있을 듯했다. 김시택 선생님은 1987년 부임했으며, 상업 전공으로 현재 국제통상학과장 및 취업지도부장을 맡고 있다.

질문: 최근 북유럽 3개국 연수를 다녀오셨다는데 어떤 걸 보셨는지?

대답: 확실히 우리보다는 직업교육이 잘 되어 있다. 하지만 넓은 국토와 적은 인구, 그리고 높은 세율이라는 복지제도가 잘 되어 있기 때문에 가능한 측면도 있다. 고졸 저숙련 노동(예를 들어, 청소부)을 하나 대학 교수를 하나 생활 수준의 차이가 별로 크지 않기 때문이다. 그래서 성취동기가 낮아 발전의 여지가 적어 보이기도 한다. 한국화된 직업교육과는 거리가 있다.

질문: 국제통상학과장이자 취업지도부장이신데 바쁘시겠다. 교과 지도의 부담도 크지 않은지?

대답: 학생들 수준이 높으니까 어려울 수밖에 없다. 고급자격증을 취득하기 때문에 수준이 너무 높아졌다. 대학졸업 후 2년 실무경력을 쌓은 뒤에도 절반도 합격하지 못하는 자격증들을 학생들이 목표로 하고 있으니 수업의 수준이 높을 수밖에 없다.

질문: 그렇다면 대학 수업과 비슷한 수준인가? 혹시 그러한 수준 높은 공부가 학교 기업활동과 관련이 있나?

대답: 일단 대학 수업과는 질적으로 다르다고 생각한다. 서울여상을 졸업하고 대학에서 국제통상을 전공한 뒤에 다시 모교로 와서 교사를 하는 선생님들이 있다. 이분들이 겪은 바에 따르면 대학에서 배운 내용이 실무와 거리가 멀어서 오히려 서울여상의 교육 내용이 더 높은 수준인 측면이 많다고 한다. (서류를 꺼내 보이며) 이것이 관련 업계에서 쓰고 있는 표준양식이다. 졸업생들이 재직 중인 회사의 허락을 받아 후배들이 사용할 교육 샘플로 보내온 것이다. 이런 실무 무역양식을 작성하고 신용장을 해석하는 등 현장에서 바로 활용할 수 있는 내용을 이론으로 배우고 실습으로 강화하고 있다. 특히 학생들이 실습활동을 매우 좋아한다.

질문: 다른 특성화고와는 달리 취업희망자의 비율이 높은 것으로 유명한 서울여상인데 어떻게 진로지도를 하나?

대답: (웃음) 입학 전부터 한다. 중학생들과 학부모를 대상으로 입학설명회를 할 때부터 시작된다. 학생, 학부모 그리고 담임선생님들 상대로 취업진로 지도를 하기 때문에 혼선 없이 일관된 지도를 할 수 있다. 많은 학교들이 생존을 위해 진학에 초점을 맞추었고 서울여상도 내부에서 많은 논의를 했지만 역시 중심을 잃지 않은 것이 성공의 요인이었다. 설득하는 방법은 일단 학생들에게 현실을 있는 그대로 보여주는 것이다. 졸업생들을 입학설명회에 불러서 진로를 구체적으로 보여주고 무엇이 자신에게 유리한지 판단하게 한다. 우리나라엔 대졸자들이 너무 많다. 최근 만난 어떤 기업 관계자는 대졸 초임에게 연봉 2,400만 원을 주던 자리를 연봉 1,600만 원까지 낮추어 보았더니 그래도 대졸자들이 몰리더란 말을 하더라. 어떻게든 되겠지라는 생각으로 대학에 진학하고 본다는 것이 무책임한 선택이 될 수 있다는 거다. 게다가 전문계 고등학교 출신으로 대학에 간 학생들 상당수가 학비라는 경제적 문제 때문에 중도 탈락을 한다. 이런 상황에서 서울여상이라는 최고의 프리미엄을 갖고 4년 먼저 현장에 뛰어드는 것과 보통의 대학생이 되는 것 사이에서 어떤 것이 더 합리적인지 스스로 깨닫게 되는 거다.

대답: 제조업 분야보다 금융 분야에 학력인플레가 적은 게 사실이다. 고졸이라도 자격증을 갖추고 능력만 된다면 수백, 수천 억, 심지어는 조 단위의 거래를 굴리는 것이 금융 분야이기 때문이다.

인터뷰 중 어떤 기업 인사담당자가 직접 추천을 부탁하러 찾아왔다. 금융 분야의 탄탄한 중소기업이었는데 연봉 2,700만 원의 자리에 서울여상 출신을 뽑고 싶어서 왔다고 한다.

"그동안 주로 전문대 졸업자들을 뽑았는데, 실무능력과 성실함에서 서울여상 출신이 더 낫다고 판단해서 그 임금 그대로 서울여상 출신을 채용하려고 왔습니다."

그러나 이미 2012년 졸업 예정자들 상당수가 취업이 확정되어 있는 상황이었다. 김시택 선생님은 "지금 취업 대기중인 학생들은 ○○ 회사에서 필요로 하는 능력 수준에는 조금 부족할 수도 있다."며 난색을 표했다. 서울여상은 기업과의 신뢰를 지키기 위해 기업이 필요로 하는 자질을 갖춘 학생을 엄선해 추천하며 동시 중복 추천은 절대 하지 않는다고 했다. 그러나 기업 담당자는 "일이야 배우면 되는 것이니 발전가능성이 있고 성실하게 일할 수 있는 학생이라면 그래도 추천을 부탁드린다."

며 거듭 부탁을 하고 갔다.

대답: 추수지도라고 해서 경력 사원을 찾는 경우도 있다. 그러나 학생들 대부분 졸업 후에 자신의 경력을 훌륭하게 관리하기 때문에 동문을 활용해 정보를 취득하는 등 이직 시에도 알아서 일자리를 잘 찾고 있다. 그러니 놀고 있는 졸업생을 찾기가 매우 힘들다 (웃음).

서울여상의 학교 기업 '마이트라'. 교사, 학생, 교직원이 직접 운영하는 의류쇼핑몰이다.

박영하 선생님은 창의적인 수업방식으로 유명하다. 윤리교육과 전공으로 1992년 3월 부임했고, 최근 대학에서 교육학 박사학위를 취득했다.

질문: 선생님 수업이 매우 특이하다고 들었다.

대답: '칭찬' 수업 얘기일 것이다. 칭찬은 고래를 춤추게 한다고 하는데, 사실은 칭찬하는 사람이 더 많이 바뀐다. 남의 긍정적인 장점을 발견하고 그것을 자아의 이상으로 삼기 때문에 긍정적인 태도가 몸에 익고 자기성장에 큰 도움이 된다. '칭찬가'라는 노래를 부르며 수업을 시작해 매 시간마다 두 명씩 나와 누군가를 칭찬하도록 한다. 자라나는 아이들에게는 긍정적인 태도가 더 의미가 있다. 나는 그것을 자기주도적 칭찬이라고 부르는데, 가족이나 친구건 혹은 연예인이건 칭찬을 통해서 자기가 본받고 공유하는 가치를 닮으려는 의욕이 생겨난다. 모든 학생이 선행록이라는 노트를 만들게 하는데, 매주 자신이 칭찬할 사람의 기사를 찾아서 스크랩하고 그 밑에 자신의 논평을 쓴 뒤, 옆에는 자신이 스

스로를 칭찬할 만한 선행을 기록하도록 하는 것이다. 학과 수업에도 바쁜 아이들이 이 과제를 빼먹지 않고 거의 다 해온다. 그러면서 자신의 삶에서 방향성을 스스로 찾아가는 거다. 요즘 아이들이 하는 말은 반이 욕이라고 하는데 우리 아이들은 그렇지 않다. 사춘기 아이들에게는 욕을 하지 말라고 해도 소용이 없다. 그보다는 미덕과 긍정의 언어를 쓰도록 유도하는 게 더 중요하다.

질문: 선생님 입장에서 서울여상 교육의 특징을 무엇이라고 보는지?

대답: 예절과 인성에 많은 신경을 쓰고 있다는 것이다. 단계적으로 세세한 차원까지 교육이 이루어진다. 신입생 적응 단계에서 문 여닫는 것까지 익히니까. 전국에서 이렇게 인사를 잘하는 학생들이 없을 거다.

질문: 그런데 예절을 강조하는 건 억압적이 되기 쉽지 않나? 요즘 젊은이들은 직장에서의 문화도 그렇게 느끼는 게 현실이다.

대답: 서울여상은 교사들이 아이들을 대하는 태도부터가 다르다. 임용 면접 때 교사로서의 자질에 대해 어떤 믿음과 태도를 갖고 있는지가 중요하니까. 친하면서도 예의를 갖춘 태도를 교사들부터 학생들에게 보여주는 거다. 수업 시간에도 '차렷, 경례!'의 구령이 아니라 '바로. 절.'이라

고 손을 모아 인사를 합니다. 모든 교사와 학생들이 그렇게 생활 속에서 익숙하게 배어 있는 예절을 지키다 보니 선순환이 이루어진다.

대답: 다른 곳에도 가서 강연을 하고 워크숍을 하긴 하지만, 아마 (성적 위주의 경쟁이 주가 되어 있는) 인문계 고에서는 따라 하기 힘들 거다. 우리 학교에는 모두에게 희망이 있기 때문에 가능한 것 같다.

대답: 매 시간마다 무조건 두 명씩 질문을 하게 시킨다. 교과 내용에 대한 질문이 없으면 다른 사회 문제나 개인적인 문제에 대한 질문도 괜찮다고 말이다. 그렇게 질문을 하다 보면 점점 적극적으로 질문하는 습관이 몸에 붙고 질문의 깊이가 더 깊어진다. 그리고 매 계절마다 주변을 돌아볼 수 있는 좋은 노래를 소개한다. 학생들이 좋아하는 노래나 시를 소개하도록 한다. 그리고 책의 좋은 구절을 읽어주는데 그걸 시험에 내기도 한다. 시험이란 줄 세우기 위한 게 아니라 자기 자신을 돌아보게 하는 것이 아닌가. '킬리만자로의 표범'을 들려주었을 때에는 "21세기가 당신을 간절히 원한다고 생각하는가? 그 이유는?"을 물었다. 쓰면 무조

건 점수를 줬다. 이런 수업과 시험을 통해 자존감을 갖도록 하는 게 중요하다고 생한다.

질문: 자존감을 강조하는 이유는?

대답: 아이들을 믿지 않는 교사는 아이들을 성장시킬 수 없다. 모두가 1등을 목표로 하는 게 아니라 자기목표를 경쟁상대로 삼을 때 긍정적인 노력이 가능하다. 한 학기에 서너 번 정도 자신의 꿈을 외치는 출석을 부른다. 직업은 꿈이 아니다. '꿈 너머 꿈'이 중요하다. 교수, 과학자, 부자가 꿈이면 교수, 과학자, 부자가 되어 무엇을 하겠냐는 질문에도 대답할 수 있어야 한다. 그래서 수식어를 붙이게 했다. "정직을 미덕으로 고객의 재산을 보호하는 회계사가 될 ○○○입니다"라는 식으로. 나 역시 "사랑과 열정으로 여러분의 꿈을 키워줄 도덕교사 박영하입니다."라고 자신을 소개한다.

질문: 학생들의 꿈을 중요하게 생각하는 수업이라니 요즘 보기 드문 수업이다.

대답: 대학 가기 위해 점수 따기에 급급한 학생들은 자기목표를 설정하기 힘들고 자존감이 부족해 시야가 근시안적이다. 우리 서울여상 학

생들에게는 방학 때 자신의 롤모델을 만나보고 '꿈 인터뷰'를 하도록 시킨다. 그러면 아이들은 또 한 단계 성숙한 상태로 달라져 돌아온다. 재미있는 일화도 많다. 류시화 씨나 이외수 씨 같은 작가나 뮤지컬 배우 최정원 씨와 만나 사진을 찍고 돌아온 경우도 있었다. 한번은 유한양행 유일한 선생의 손녀 유재란 씨를 만나고 싶었던 학생이 있었는데, 그분이 국내에 없어서 내가 유한양행 비서실로 연락을 한 적이 있었다. 그랬더니 8월에 한국에 올 기회가 있는데 30분 정도 시간을 내겠다고 답변이왔다. 그렇게 만남이 성사되자 학생이 매우 행복해했다. 또 한번은 학교의 전공과는 거리가 멀지만 심리상담사가 되는 게 꿈이었던 학생이 서점에서 책을 본 뒤에 저자에게 연락을 취한 적이 있었다. 저자가 미국에서 정신과 의사를 하는 분이어서 출판사를 통해 메일을 보냈다. 그랬더니 저자가 이 학생에게 A4지 6장 분량의 엄청나게 성실한 답변을 보내온 거다. 그리고 이분이 내게도 따로 연락을 해왔다. 누군가에게 롤모델이 된 인생을 살았다고 생각하니 보람을 느낀다고, 그 숙제를 내주신 선생님께 감사드린다고. 이번에 두 번째 책이 나오는데 청소년 시절에 멘토를 만나는 것의 중요성에 대해 이야기하는 부분에서 이 학생과 나를 소개했다.

질문: 본인의 두 따님을 이 학교에 입학시킨 것으로 유명하신데, 명문대(서울대학교)를 나와 따님을 상고에 보내는 것이 본인이나 아이들로서 쉽지 않은 선택이었을 것 같은데?

대답: 사실 어디 가서 학교 홍보를 할 때 가끔 듣게 되는 질문이었다. "당신의 자식이라면 보내겠느냐고." 나는 학교에 자부심을 갖고 있었고 또 아이들에게 아버지의 수업을 보여주고 싶기도 했다. 하지만 강요한 건 아니고 중학교 때부터 학교를 소개하고 입학설명회에 참가하게 하면서 스스로 선택하게 했다. 첫째 아이가 오래 고민을 하다 결단을 내렸고, 언니가 학교생활을 만족해하자 동생도 입학했다. 언니는 지금 이화여대에 입학해서 다니고 있고 동생은 지금 교보생명에 취업할 예정이다. 아는 사람들이 모두 아이들 얼굴이 달라졌다고 한다. 아마 중학교 때부터 이미 받고 있던 입시의 스트레스를 벗어나 건강한 생활을 했기 때문일 것이다.

INTERVIEW 5

학교교육현장에서 가장 소외당하면서 가장 희생을 많이 하는 집단이 바로 학부모다. 서울여상에 자녀를 보낸 학부모 입장에서는 학교를 어떻게 생각하는지, 서강대학교 경제학과에 입학한 권선경 학생의 부모님을 인터뷰했다.

질문: 자녀가 진학을 했는데, 처음부터 진학이 목표였는가? 진학을 하려면 일반고로 보내는 게 좋지 않았을까?

대답: 아이에겐 맞춤형 교육이 필요하다는 게 부부의 지론이다. 어릴 때부터 아이의 진로를 위해 인성검사를 해봤더니 경영 쪽이 100퍼센트 적성으로 나오더라. 우리 부부도 같이 사업을 하고 있고, 아이도 경제 서적 읽는 걸 좋아해 기업인을 목표로 하는 게 맞다고 생각했다. 그런데 대학에 가서 본격적으로 공부를 시작하는 게 아니라 고등학교 때부터 적성에 맞는 공부를 하는 게 좋다고 생각해 함께 상의해 서울여상을 가게 되었다.

질문: 아이의 학교생활은 기대만큼 성공적이었는가?

대답: 적성에 맞는 학교에 갔다는 게 중요한 거다. 물고기가 물을 만나야 살 수 있는 것처럼 아이는 경제와 경영에 관한 공부를 좋아했다. 상업 과목 성적이 좋았고 우수한 성적으로 공부를 할 수 있었다.

질문: 대학에 입학한 것은 전문계 특별전형이었나?

대답: 연세대, 고려대, 서강대 등 경영학과나 경제학과에서 특별전형을 뽑는 숫자가 매우 적다. 높은 경쟁률이었는데 합격을 했다.

질문: 다른 자녀가 있는지. 그 아이의 교육은 어떠한지?

대답: 다른 아이는 미술을 전공하고 있다. 애니메이션 쪽을 좋아한다. 어릴 때부터 독후감을 만화로 그릴 정도의 아이여서 하고 싶은 걸 하게 했다.

질문: 서울여상을 가겠다고 자녀가 먼저 제안한 것인가?

대답: 중학교 때 아이를 잘 이해하고 있던 담임선생님이 추천을 했다. 아이 역시 방송 등을 통해서 우리나라의 심각한 취업난을 접하고 고민을 하더니 진로를 결정했다. 부모가 강요하진 않았다. 아버지는 대학에

서 경제학과를 나왔는데, 고등학교에서 선행학습을 하고 가면 좋겠다고 판단해서 적극 권유했고, 나 역시 상업고등학교 출신으로 취업 후 진학을 한 경우여서 같은 생각이었다.

질문: 중학교에서 우수한 성적을 내고 있었는데 서울여상을 추천하다니 보기 드문 교사인 듯하다. 학교 다니는 동안 다른 학부모들과 비교해서 후회한 적은 없는지?

대답: 아이를 남과 비교하면서 키우는 것이나 부모로서의 알량한 자존심 같은 것은 중요하다고 생각하지 않는다. 나 역시 여상을 졸업하고 취업한 뒤에 대학에서 영문학을 전공하고 계속 직장생활을 했다. 아이가 여상을 다닌다는 것이 부끄러울 이유가 있는가. 게다가 막상 서울여상을 가 보니 특성화 고등학교로서 시대에 맞는 교과 편성을 해놓은 걸보고 마음에 흡족했다. 학력 인플레이션으로 인해 부모들이 노후대책마저 세우지 못할 정도로 너무나 많은 지출을 하지 않는가. 회사에서도 무역 파트에서는 여직원들이 주력이다. 서울여상의 학과는 그렇게 여성들이 자신의 능력을 발전시킬 수 있도록 하는 체계가 되어 있어서 마음에 들었다. 처음엔 잘 몰랐는데 알고 보니 무척 좋아서 교장선생님께 홍보를 더 많이 하시라고 할 정도였다. 사회에서 여성으로서 남성과 경쟁하

는 게 어렵지만 오히려 서울여상에서 배운 것으로 경쟁이 가능하다는 생각을 했다.

질문: 그래도 고등학교만 나와서는 어려움이 많지 않은가?

대답: 물론 아직 학력에 대한 벽이 있다. 아무리 서울여상을 나와서 좋은 보수를 받는다고 하더라도 뿌리 깊은 학력차별이 사라지긴 힘들 것이다. 특히 나이 많은 관리자들은 그것을 벗어나기 힘들 것이다. 하지만 내가 CEO 연수를 받는데, 여상을 다니며 배운 것이 여전히 큰 자원이 된다. 재무 관련 기본기는 여상에서 배웠고 영문학과에서 배운 영어 실력으로 무역에 종사한다.

질문: 운영하는 기업에서 고졸 인재를 뽑는지?

대답: 뽑고 싶다. 뽑으려고 한다. 하지만 지방에 근거를 두고 있다 보니 우수한 고졸 자원이 많지 않고 대부분 대졸자들이 온다. 고졸 출신이 해야 할 일을 대학 졸업생들이 맡고 있는 것이다. 서울여상 인재를 쓰고 싶긴 하지만, 회사가 좀 더 커야 할 것 같다(웃음). 학교 교육을 보며 느낀 것이지만 입사 첫날부터 제대로 일을 할 수 있을 정도로 서울여상 인재들은 교육이 잘 이루어진다.

대답: 서울여상은 학부모가 요구할 게 별로 없다. 발이 시려울까 봐 바닥에 나무를 깔고 식당 소독장치를 완벽하게 만들어 놓는 등 학부모가 요구하기에 앞서 미리 '공부하기에 좋은 환경'을 만들기 위해 계속 개선을 해왔다. 단 하나 있다면, 많은 학부모들이 지금도 대학 진학을 원해 '진학을 위한 공부를 더 시켜달라'는 요청이 있었다는 것이다. 하지만 교장선생님이 '특성화'에 대해 갖고 있는 신념이 확고해서 그 비중을 줄여가고 있다. 학부모들이 자녀가 일단 서울여상에 들어가면 그 자체에 만족을 한다. 시설에 대해서도 감탄하고.

질문: 학교를 다니면서 아이가 많이 달라졌는지?

대답: 아이는 3년 내내 학급임원을 했다. 그러면서 인격적으로 성장하는 것을 보았다. 아이들이 인문계를 다니면 공부만 하다 보니 그냥 '애'로 남지만 서울여상은 다양한 체험을 많이 한다. 학교행사들이 많다 보니 공부뿐만 아니라 다양한 학교 행사와 체험학습, 동아리활동을 통해 사람과 세상 보는 눈이 크게 달라진다. 좋은 면으로 인격이 성장하는 걸 부모가 몸으로 느낄 수 있다.

대답: 학생들에 대해 끝까지 책임을 진다. 취업 못한 학생들은 졸업 후에도 계속 학교에 오게 해서 취업이 될 때까지 챙겨준다. 우리 아이와 같은 진학반이었는데 입시에 떨어져 대학을 못 갔는데, 상업 분야의 공부를 바탕으로 취업을 한 아이가 있다. 지금은 회사에서 인정받으며 행복하게 다니고 있다. 그런 걸 보며 학교의 힘을 느낀다. 이 학교는 선생님들이 한 분 한 분 학부모들에 대한 태도나 학생에 대한 태도가 남다르다. 이른바 '아이 가진 죄인'에 대해 고압적인 태도를 가진 분들이 없다. 학교에 모시는 것에 대해 송구스러워할 정도다. 무엇보다 아이들이 남다르다. 딸아이 친구들을 봐도 옷매무새부터 다르고 얼굴이 밝다.

손석화 디자이너는 여상을 나와 독학으로 디자이너가 된 보기 드문 케이스다. 동문회 부회장을 맡고 있기도 하다. 1963년(33회) 졸업생이다.

질문: 어떻게 여상을 졸업하고 디자이너가 되셨는지?

대답: 집이 어려워서 강원도 원주에서 사업을 접고 서울로 올라오게 되었고 빨리 취직하려다 보니 서울여상을 갔다. 학교 다니면서도 수리교육이 적성에 맞지 않아 책을 즐겨보는 문학소녀였다. 졸업 후 동방생명에 입사해 비서실을 거쳐 수리통계과에서 일을 하다 결혼을 했는데, 아이 둘을 가지고 4년 만에 이혼한 후 의상실에 점원으로 취업을 했다. 그 뒤로는 독학으로 배워서 오늘에 이르렀다.

질문: 참 보기 드문 경우인데 여상 출신으로 의류업계에서 성공하는 게 쉽지 않지 않나?

대답: 원래 있는 것 이상으로 부풀려지는 걸 싫어한다. 어디 가서든

서울여상이 마지막 졸업이라고 당당하게 이야기한다. 유학 경력이나 학력, 인맥 이런 것에 대해 오해받는 게 오히려 불편하다.

질문: 전혀 학교교육과 관련없는 분야로 넘어오셨는데 학교가 자랑스러우신지? 그때 받은 교육이 도움이 되시는지?

대답: 부모님으로부터 감성을 물려받아 예체능의 기질을 갖고 있었지만 학교에서 상업교육을 통해 실무의 힘을 배웠다. 좋아서 한 것은 아니었지만 필요해서 배웠고 지금도 그것이 큰 도움이 된다. 지금도 정기적으로 직접 내 손으로 계산해보며 업무를 점검한다.

질문: 모교가 원래 인성교육으로 유명한데 그것도 관련이 있는가?

대답: 물론이다. 장사에서 신용을 잃는 건 모든 걸 잃는 것이다. 신뢰, 성실, 근면 등 학교에서 배운 것에 대해 지금도 감사한다. 우리 회사가 작은데도 신용등급이 에이플러스다.

질문: 서울여상 출신들은 학교에 대한 자부심이 큰 듯하다. 하지만 학벌 사회에서 겪은 어려움이 컸을 텐데.

대답: 자부심과 긍정적인 마인드로 세상을 헤쳐나갈 힘을 얻는 것이

아닐까. 우수한 교사진들이 많아서 수준 높은 공부를 했고 그게 힘이 자 자부심이 되었다. 나는 지금도 공부를 하고 있다고 생각한다. 공부를 학교에서만 한다는 게 편견이다. 학벌 사회에서 어떤 대학에 갔다고 자만한다면 그때부터 뒤처지는 것이다. 정진하는 자세로 자신을 추구해서 실현해가며 장애를 뚫고가는 게 중요하다. 대학을 가지 않았지만 이화여대 장상 총장이 대학원 1기로 나를 불렀다. 어디를 가느냐가 아니라 어떻게 자기 인생을 개척했느냐가 바로미터가 되어야 한다.

질문: 디자이너의 성공 과정을 말해달라.

대답: 의상실을 하고 있을 때 기성복의 붐이 시작되는 걸 보고 기업으로 들어갔다. 당시 내가 만든 옷이 인기가 좋았다. 스카웃 제의가 많이 들어오자 불안한 경영자가 한 명 더 사람을 뽑는 걸 보고 신뢰가 무너졌다고 생각해 자립을 하기로 마음먹었다. 나가겠다고 하니 붙잡길래 그렇다면 정당한 대우를 위해 매출액에 비례한 인센티브를 달라고 했다. 고민하더니 못하겠다고 하더라. 그렇게 내 사업을 시작했다.

질문: 인센티브 제안이라니, 당시로서는 매우 파격적인 발상이었다.

대답: 여상을 나왔으니 배운 것 아니겠는가. 일한 만큼 떳떳하고 정당한 대우를 요구하는 것 말이다.

질문: 기업에서도 학력차별을 하지 않으시는지?

대답: 재능이 갖추어졌다면 학벌은 상관하지 않는다. 오히려 인성을 본다. 인턴 3개월이면 모든 게 다 나타난다. 이직이 많은 업계지만 우리 회사는 디자이너들이 오래 있는 곳이다. 기술직으로 가면 30년 넘게 일하고 있는 미싱 전문가가 있다. 15년차 이상이 절반이다. 그렇게 능력을 신뢰하고 함께 오래 간다. 아이들이 모두 외국(미국과 중국)에 나가 살다 보니 오히려 직원이 가족 같다. 자녀는 그냥 동포다(웃음).

질문: 후배들에게 한 말씀해주신다면?

대답: 학교가 자기 뜻에 맞지 않는다고 하더라도 자기가 하고 싶은 일을 찾아서 했으면 한다. 돈을 따라가면 오히려 돈이 도망간다. 여상을 나오더라도 자기 하기에 따라서 디자이너도 작가도 될 수 있다. 졸업과 동시에 성인이 되는 것이다. 자기계발을 게을리 하지 않으면 충분히 진로를 개척할 수 있다.

이민재 회장은 성공한 여성 기업인이다. 40대의 나이에 창업해 성공을 거두었고 무역협회 부회장, 마포상공회 회장, 여성경제인협회 서울지회장 등 업계에서의 활동도 활발하다. 1964년 제34회 졸업생이다.

질문: 인터뷰를 많이 하셔서 잘 알려져 있지만 서울여상을 들어가게 된 계기, 창업을 하게 된 과정 등을 설명해달라.

대답: 천안에서 중학교를 졸업하고 사대부고를 가느냐 서울여상을 가느냐 고민했는데, 당시 금융계에서 일하고 있던 아버지의 영향으로 서울여상을 갔다. 대학을 가서 교사가 되고 싶은 생각이 없었던 건 아니지만 당시 시대가 그러기도 했고 할아버님이 보수적이어서 고등학교 다녔으면 충분하다고 하는 분위기였다. 졸업한 뒤에 농협에 갔다가 태평방직이란 회사로 들어갔는데 사내 결혼하고 주부로 살았다. 마흔세 살에 남편이 실직을 한 후 '살아야 하니까' 사업을 시작했다.

질문: 주부로 살다가 창업을 하는 게 쉬운 일은 아니었을 텐데.

대답: 그래도 서울여상을 다니고 회사생활을 했다는 게 자신감의 토대가 되었다. 적어도 업무에 있어서 현장감각이 좋다는 자부심은 있었다.

질문: 확실히 사업 전략을 잘 짜신 듯하다.

대답: 금융계에서 수표사용 비중이 늘고 있을 때 그 용지를 수입하는 것으로부터 시작했다.

질문: 학교에서 배운 것이 큰 자산이 되는가? 인성교육이라든가.

대답: 물론이다. 인성교육을 사회적으로 더 강화해야 한다고 생각한다. 그래야 사회의 해독이 치유된다. 기숙사생활을 통해서 예의범절, 어른을 대하는 법, 말솜씨, 절하는 법 등 사회적 성공만을 목표로 하는 것이 아니라 그 기초로서의 인성교육을 철저하게 받았다.

질문: 서울여상 출신들은 근면, 성실, 신뢰 등 학교의 교훈이랄까 가르침을 마음 깊이 담고 사는 듯하다. 경영인이자 사회인으로서도 자녀에게 같은 교육을 시키는지?

대답: 영업이란 건 상대에게 믿음을 심어주는 것이다. 회사(공장)를 상

대로 납품을 하는데 날짜를 지키지 못하면 손실이 발생한다. 책임과 신뢰를 쌓아야 함께 친구가 되어 롱런할 수 있다. 때론 손해를 보더라도 그렇게 한다. 금융 위기 때는 환율이 올라 사료 분야를 접어야 할 정도로 손실이 컸다. 그래서 현장을 나갔더니 우리가 망하면 자기들도 망한다며 어떻게든 고통을 분담해 견디자고 하더라. 매우 큰 손해를 봤지만 사료 분야를 계속 지켰다. 물론 상황이 나아졌다고 그분들이 와서 자발적으로 돈을 더 주는 건 아니지만(웃음) 그래도 그렇게 위기를 극복하는 모습을 보여줌으로써 얻은 신뢰와 자부심이 더 큰 자산이 되었다.

질문: 여상 졸업생으로서 최근 '고졸 다시 보기'가 시작되는 현실에 대해 느끼는 게 있다면?

대답: 고등학교만 졸업했다면 기본적으로 사회생활하기에 충분한 지식은 갖추었다고 생각한다. 그래서 여성경제인협회 선거에 나설 때도 대졸이 아니라는 것에 대해 조금도 주눅 들지 않았다. 교육이 잘못된 것이다. 전문적인 고등학교교육을 받은 학생들에겐 인센티브가 주어져야 한다. 벌써 시작되어야 하는 일인데 늦은 거다.

대답: 무역회사는 외국어 실력이 필요하다. 그 외에는 학력을 보지 않고 '회사에서 일을 할 수 있는 인성과 실력을 갖고 있느냐'만을 본다. 대학을 나와도 말을 잘 알아듣지 못하는 사람이 많지 않은가. 숫자와 돈을 다루는 동안 명쾌하고 논리적인 사고력이 형성되지 않았나 생각할 때가 있다. 그 외에는 자기계발을 통해 배우는 것이다. 나 역시 대학에서의 CEO 과정 연수를 많이 받았고 평소에 독서를 즐겨하는 편인데, 이런 것들이 다 자기 실력으로 융화된다. 기본이 중요하다. 20년 전쯤 바이엘 한국지사장을 만나 대화한 적이 있는데 고졸이었다. 20년 넘게 직장생활을 하며 계속 승진해 한국지사장으로 온 것이다. 독일은 중등 과정부터 직업교육이 잘 되어 공장에서 일하건 대학교수건 월급 차이가 만지 않다고 한다. 회사에 대한 소속감과 충성심이 높고 교육제도를 자랑스러워 하더라. 본인이 그렇다보니 한국의 학벌제도를 의아하게 생각했다. 한국도 그렇게 능력 중심으로 가야 한다.

대답: 손주들이 있는데 억지로 공부시키고 대학에 보내려고 하지 않

고 좋아하는 일을 공부하도록 권하고 있다. 조카가 예고에 합격했는데 가정 상황이 좋지 않다보니 미용사가 되려고 한다. 자기는 그쪽이 더 좋고 적성에 맞는데, 어려운 상황에서 계속 미술을 공부하면 공부 자체가 스트레스가 될 거라는 거다. 결국은 부모가 설득해 예고에 갔는데, 일반 학교에 다니면서도 야간과정으로 미용교육을 받겠다는 조건으로 예고에 갔다. 나는 이 아이가 자랑스러워서 칭찬을 많이 해줬다. 그렇게 목표가 뚜렷한 사람은 성공할 수밖에 없다. 자녀가 뚜렷한 목표의식을 갖고 노력하면 그걸 지지하는 게 맞다.

INTERVIEW 9

이길수 씨는 2008년 졸업 후 산은캐피탈에 입사해 현재 재무관리팀에서 일하고 있다. 고등학교 때 최연소로 증권상담사 자격증을 따서 화제가 되었던 인물이기도 하다.

질문: 중학교 때 공부를 매우 잘한 것으로 알고 있다. 그 성적이면 보통 외고나 과학고를 가지 않나? 그런데 어떻게 서울여상에 갔는지?

대답: 어쩌다 보니 상위 0.4퍼센트라는 좋은 성적이 나왔다(이 성적이 나오려면 거의 모든 과목에서 전교 1등을 해야 한다). 원래 서울여상을 갈 생각이 없었는데, 우연히 시간이 남아서 학교 탐방을 가게 되었다. 학교 홍보 내용을 듣고 나서 생각이 바뀌기 시작했다. 성적이 상위권이긴 했지만 학구적인 성격은 아니고 오히려 활동적인 편이다. 그러니 사회에 더 빨리 진출해서 사회생활을 한다는 게 내게 맞을 거라고 생각했다. 좋은 대학에 가려고 다들 열심히 공부하는데 왜 그렇게 공부하냐고 하면 좋은 데 취직하기 위해서라고 한다. 서울여상이라면 중간 과정을 건너 뛰

고 빨리 사회에 나갈 수 있지 않는가. 필요하면 대학은 나중에 가도 되고, 내가 나가려는 분야라면 대학이 아니어도 자기계발이 가능하다고 생각했다. 또 대학교육의 질에 대해 논란이 많은데 들이는 것에 비해 얻는 게 너무 적다고 생각했다.

대답: 부모님은 내 뜻을 존중했고 무엇보다 서울여상이라는 이름에 대해 신뢰를 갖고 지지하셨다. 그런데 선생님들이 미쳤냐며 말리셨다. 담임선생님이 아무 말이 없어서 몰랐는데 전화로 부모님을 엄청나게 설득했다고 한다. 하지만 결국 부모님의 지지 덕분에 서울여상에 진학할 수 있었다.

대답: 특성화 지정 바로 전 해에 입학해서 체계가 만들어지던 중이었고 그래서 학과는 사이버정보통신학과였지만 실제로는 금융정보 쪽 공부를 많이 했다. 학교에서 모든 정보를 알아와 교재 및 커리큘럼을 준비했다. 동아리활동을 통해서 공부했는데, 그렇게 해서 체계를 잡아간 덕

분에 이제는 후배들이 더 편하고 쉽게 준비할 수 있는 것으로 안다. 현재 MOS를 비롯해 7개 정도의 자격증을 갖고 있다.

질문: 입사 동기는 몇 명인가? 대졸자와 고졸자의 차이는 있지 않나?

대답: 고졸 6명, 대졸 4명으로 10명이 함께 입사했다. 대우에 차이는 조금 있겠지만 정규직으로 일하고 있고 실제 업무는 별 차이가 없다. 회사가 여신 전문이지만 실제 업무 범위는 매우 넓다. 대학을 나왔든 안 나왔든 대부분 새로 배워야 하는 것들이다. 배우고 일하는 데 고졸과 대졸이 차이가 날 이유가 없다.

질문: 세무사 시험을 준비중인 것으로 아는데 어쩌다 하게 된 것인가? 자격증을 계속 늘릴 것인가? 대학에 갈 생각은 없는가?

대답: 공부는 계속해야 한다고 생각한다. 지금까지 배운 것과 지금 하고 있는 일을 확장할 수 있는 고급자격증을 찾다 보니 세무사 자격증에 도전하고 있다. 대학생 친구들을 보면 교육에 대해 크게 만족스러워하는 건 아닌 듯하다. 어떤 걸 하든지 실무능력을 기르고 '힘이 되는' 공부가 중요하다고 생각하는데, '대학에서만 배울 수 있는 것'에 대한 필요성을 느끼면 그때 대학에 가도 된다고 생각한다.

대답: 모두 욕심이 많고 열심히 해서 경쟁이 힘들긴 하다. 그리고 학교 규칙이 매우 엄격해서 그게 맞지 않으면 고생을 많이 한다. 하지만 그 덕분에 회사 생활이 오히려 학교 생활보다 더 편하다(웃음).

대답: 친구들이 대부분 금융권에 있어서 서로 유용하게 정보를 교환하고 있다. 야간대학에 진학하려는 친구들이 많은데 그런 장기적인 관

서울여상은 활발한 동아리활동을 통해 자격증을 준비하고 현장감각을 익힌다.

점에서의 진로가 가장 큰 고민인 듯하다. 학교에 바라는 점은 졸업 후의 인생 설계에 대해서 조금 더 정보를 주면 좋겠다는 것이다. 졸업 후 재취업 등의 제도는 잘 되어 있는데, 회사 생활을 하면서 그 이후의 인생을 설계하는 데 도움이 될 정보가 필요하다. 물론 그런 것은 사회에 나온 우리가 직접 해야 할 일이긴 하지만 학교에서도 미리 도움을 주면 좋을 것 같다.

질문: 가족들 중에서 특성화고에 진학한 또 다른 사례가 있나?

대답: 남동생이 있는데 공부를 좋아한 편이 아니어서 공고를 갔다. 그런데 적성에 잘 맞아서 기능영재반을 통해 현대중공업에 입사해 지금은 나보다 더 성공적이다. 좋은 특성화고등학교라면 후회없는 선택이 될 것이라고 생각한다.

INTERVIEW 9

2011년에 졸업한 현정희 씨는 MBC에 입사해 인사부에 재직 중이다. 학교에 다니는 동안 학생회 부회장을 맡아 활발한 활동을 했다.

질문: 이제 1년 정도 회사생활을 했는데 만족스러운가?

대답: 연봉도 높고 회사 분위기도 좋다.

질문: 취업을 위해 자격증 등 준비는 어떠했나?

대답: 전문 자격증을 따려면 동아리에 들어서 집중적으로 준비하는 경우가 대부분인데 학생회활동과 방송영상반 동아리활동 등으로 고급 자격증을 딸 준비는 못했다. 회계와 컴퓨터 분야의 일반 자격증은 갖고 있다.

질문: 성적은 어느 정도였는지? 학교 생활은 어떠했는지?

대답: 중위권? 중학교 때에 비해 통학거리가 늘고 학교의 전통적인

분위기가 낯설어 적응하는 데 어려움을 겪었다. 동아리의 선후배 전통이 매우 강한데 '짝언니'와 '짝동생'을 맺어 멘토 역할을 하기도 하지만 엄한 선배를 만나면 힘들기도 하다. 학생들 70퍼센트 정도가 동아리활동을 하는데, 여기서 사회생활을 처음 맛보게 되는 듯하다.

질문: 국제통상과였는데 지금은 일반 기업이라고 할 수 있는 미디어 기업에서 일반 업무를 하고 있다. 지금도 무역업계에 가면 학교에서 배운 것으로 잘할 수 있다는 자신감이 있나? 회사에서 더 필요로 하는 공부가 있는가?

대답: 첫 번째 질문에 대해서는 자신감이 있다. 무역회사에서 일하는 친구들을 만나면 현장 실무가 학교에서 배운 것이랑 거의 같다고 한다. 3학년 때 조를 짜서 상품을 기획하고 수입, 통관하는 일을 해본다. 나 역시 그 업종에 간다면 일을 잘할 수 있을 거라고 생각한다. 그리고 세무와 회계 분야의 공부가 더 필요하다고 느꼈다. 인사부에서 일을 하지만 숫자를 다루는 일이 많다. 회계 분야는 학교에서 많이 배우지만 세무 지식은 워낙 방대해서 공부하면서 일을 해야 한다. 학교 가서 선생님들에게 그 이야기를 많이 한다.

대답: 그렇겠다 (웃음). 하지만 우리 학교는 그런 피드백이 정말 빠른 편이다. 졸업 무렵에 앙케트를 하고 학생들이 현장에서 느낀 것들을 많이 청취한다.

질문: MBC는 어떻게 입사하게 되었나?

대답: 학교에서 입사에 관한 정보를 수집해 알려준다. 몇 명이 준비했는데 어쩌다 혼자 합격했다. 최종학력 고졸 이상 초대졸까지 뽑는 공채였는데, 경쟁률이 650대 1이었다고 한다. 4명을 뽑았는데 나를 제외하면 모두 전문대 졸업자들이다. 최연소 입사 기록이라고 하더라. 회계상식, 일반상식, 논술, 이렇게 세 과목의 필기시험을 치렀다. 일반상식은 따로 혼자서 준비를 해야 했고, 논술은 첨삭을 받는 정도로 지도받았다.

질문: 서울여상은 어떻게 가게 되었는지?

대답: 실은 특별전형으로 대학을 쉽게 가려고 들어갔다. 입학할 때는 큰 매력을 가진 학교는 아니었지만 다니면서 감사하게 되었다. 지금도 정말 감사한다. 취업이 입학 동기는 아니었지만 지금 생각하면 잘한 것 같다.

대답: 취업 현황을 상세하고 정확하게 공개한다. 이 정도면 대학을 갈 필요가 없지 않나 하고 생각했다. 하지만 취업반이라고 진학 자체를 부정하는 건 아니다. 우리는 취업반을 선취업 후진학반이라고 부른다. 대학은 어쩔 수 없이 필요해서 혹은 더 나은 선택을 위해 갈 수 있다고 생각한다. 다만 순서를 달리 했을 뿐이다.

질문: 아직까지 고졸에 대한 현실적인 제약이 있지 않은가.

대답: 학교에서는 우수한 선배들 이야기를 많이 듣지만 확실히 사회적인 인식은 많이 달라진 듯하다. 그래서 요즘은 장기적인 미래에 대해서 생각을 많이 하는 편이다.

INTERVIEW 10

정영진 회장은 서울여상(당시 경성여자상업학교)을 나와 서울대 수학과를 졸업한 후 모교로 돌아와 교사로 재직하다 같은 재단 서울문영여자중학교 교장으로 퇴임한 후 2003년부터 총동창회장으로 역임중이다.

질문: 서울대 수학과를 나온 엘리트로서 다시 모교로 돌아와 평생 재직하고, 총동창회장을 맡으셨으니 남다른 인생경로를 걸어오셨을 뿐 아니라 서울여상 역사의 산증인이시다. 후배이자 제자인 학생들을 볼 때 기분이 어떠셨는지.

대답: 당시엔 인문계와 상업학교가 별 차이가 없었다. 한국전쟁 전부터 중학교 과정을 다니고 있었고, 동란으로 인해 피난을 갔다가 수복 후에 졸업했다. 서울대 수학과를 갔지만 모교에 와서 제자들을 가르치고 싶었다. 지금도 아이들을 보면 너무나 예쁘고 사랑스럽다. 특히 가르쳤던 제자가 모교로 돌아와 교사가 되는 것을 보면 나와 같은 마음이구나 싶어서 너무나 보람을 느꼈다.

대답: 학생들이 학교의 자랑이고, 또 학교가 학생의 자부심이 아니겠
는가. 제자들을 가르칠 때도 학교에 대한 사랑을 많이 강조했다. 어려운
상황 속에서 공부한 동문들이 나중에 성공한 후 학교에 대해 감사하는
것을 볼 때마다 뿌듯하다. 어려움도 있었지만 계속 교명도 바꾸지 않고
전통을 이어온 것이 학교의 자부심이다. 최근 서울여상이 다시 과거의
영광을 되찾는 것을 보는 게 참 행복하다.

대답: 부모들의 생각이 바뀌어야 한다. 여상을 나오고도 자신의 길에
서 성공한 서울여상 동문들이 많지 않나. 대학을 가지 않으면 안 된다
는 생각을 버려야 우리 사회가 발전할 수 있다고 믿는다.

INTERVIEW 11

정재금 지점장은 53회(1983) 졸업생으로 2004년 KB국민은행 지점장이 되었다. 고졸 출신이지만 동기들보다 7-8년 앞선 승진으로 주목받는 여성 금융계 리더로 최근 학력 차별 극복을 위한 '제4차 공정사회 추진회의'에 참석했다.

질문: 공정사회 추진회의에 참석했는데 어떠셨습니까?

대답: 특성화고 학생들도 초대되었는데 그들에게 제가 겪어온 과정을 이야기하는 멘토링 비슷한 것을 했다. 초등학교만 졸업한 명인이나 고졸 출신을 채용한 우수 기업의 대표 등 많은 분들이 대통령님과 장관님 및 정부 부처 관계자들 앞에서 발표를 하고 논의를 하는 자리였다. 대통령께선 당신이 야간상고 출신이면서, 초등학교 졸업자를 상사로 모시기도 했다면서 학력 차별은 없어져야 한다고 말씀하셨다.

질문: 선배이자 직장의 상사로서 고졸 채용에 대해 어떻게 생각하시

　대답: 그 자리에서 학생 하나가 고졸 출신이 은행에 오면 비정규직이 되는 현실에 대해 질문을 하긴 했다. 하지만 대졸과 같은 출발점에 서는 것도 문제가 있지 않은가. 현실적으로 2년의 계약직 이후 무기계약직으로 전환하며 매년 정규직으로 전환하는 시험을 볼 수 있다. KB국민은행의 경우 그렇게 해서 고졸들이 정규직으로 전환하는 경우가 많다. 이때 중요한 것은 기본적인 업무 시험보다는 인성과 성실성을 보는 근무 성적이다. 열정만 있다면 은행권에서 성공할 수 있다는 뜻이다. 비정규직 문제는 쉽게 풀기 어려운 문제이긴 하지만 대졸 정규직을 위해 회계사, 세무사 자격증을 따고도 100대 1의 경쟁을 거치는 것에 비하면 4년 먼저 들어가 실무능력으로 자신을 입증하는 게 더 쉬운 일 아닌가. 대통령께서도 노력하지 않고 얻을 수 있는 건 없다고 덧붙이셨다. 저도 이 정책이 지속적으로 이루어졌으면 좋겠다고 말씀드렸다. 사회적인 인식이 바뀌어 지원이 있어야 한다. 한 예로 고졸 입사자들은 충성심이 강하고 성실하기 때문에 회사를 다니며 야간 대학을 다닐 수 있게 하는 것은 회사로서도 좋은 선택이라고 생각한다.

대답: 노력만큼 정직한 것은 없다고 생각한다. 어렵다고 생각하지 말고 4년 먼저 나가는 걸 활용해야 한다. 요즘은 다 똑똑하기 때문에 회사에서는 누가 더 똑똑하냐를 문제삼지 않는다. 열심히 하고 인성이 바른 직원을 더 바란다. 은행은 서비스업이기도 한데, 본부의 핵심 전략 인원들이야 박사급의 고학력 인재가 필요하지만 영업에서 금융관리하는 업무는 오히려 상고 출신이 더 적성에 맞는 일이다. 노력하기에 달렸다.

| 참고자료 |

지금까지 서울여상의 성공 사례를 통해 우리나라 직업교육의 미래가 어떤 모습이어야 하는지 얘기했다. 여기에서는 현재 서울여상 출신 인재들이 현장에서 어떻게 활약하게 소개하고 이 책을 마무리하고자 한다. 「한국경제신문」에 그들의 활약상이 소개된 바 있어 필자의 글을 신문기사로 갈음하려 한다.

「한국경제신문」, 2011년 6월 21일자 기사

85년 역사 서울여상, 시중은행 女지점장 200명 중 80여 명 활약
1926년 개교 '女금융사관학교'…증권·보험 등 현역만 1,000여 명

서울여자상업고등학교는 '전국의 곳간 열쇠를 다 쥐고 있는 학교'로 불릴 정도로 한국 금융회사와 기업 재무팀에 폭넓게 포진해 있다. 1926년 최초의 여성경제교육기관으로 문을 연 서울여상은 올해 개교 85주년으로 금융권에서 폭넓은 인맥을 자랑하는 고교 중 하나다. 서울 무악재에 있던 서울여상은 1991년 관악구 서울대 근처 관악로로 이전했다.

국민·신한·우리·하나·기업·외환은행 등 국내 6개 시중은행을 비롯해 증권사 보험사 등에 현직으로 근무하는 서울여상 출신은 1,000명에

달한다. 시중은행 전체 여성지점장(200여 명)의 약 40%인 80여 명이 서울여상 출신이다. '여성금융사관학교'라는 별칭이 붙은 이유다.

은행권 동문 가운데 현재 최고위직은 윤유숙 우리은행 영업본부장(44회)이다. SC제일은행의 김경애 이사대우(45회)와 권금자 기업은행 지점장(46회, 인천 계양동), 박창화 신한은행 지점장(47회, 서울 행당동), 장명희 산업은행 수석부부장(47회), 문명순 금융경제연구소 이사(50회, 국민은행), 이은주 하나은행 지점장(51회, 서울 성북동), 심미란 국민은행 지점장(52회, 서울 압구정동)도 서울여상 출신이다.

박미경 한화증권 PB본부장(48회·상무)은 국내 증권사 최초의 여성 임원이다. 덕성여대를 졸업한 뒤 한국투자증권에서 여의도PB센터장 PB본부장 영업부 상무를 거친 뒤 지난달 한화증권 PB본부장으로 영입됐다.

김종민 교보증권 팀장(51회)은 증권업계 최초의 고졸 여성지점장이다. 한국은행 출신의 박노윤 성신여대 경영학과 교수(51회)는 후학을 양성하고 있다. 박 교수는 2006년 서울여상 출신 석·박사 동문 및 현직 교사들과 함께 고등학교 금융교과서인 『금융실무』를 집필, 학교에 보급하기도 했다. 기업에도 서울여상 출신들이 회계담당 등으로 많이 진출했다.

서울여상의 인재 배출은 1960~1970년대 사회적 배경과 맞물려 있다. 당시 남존여비 사상과 어려운 가정형편 탓에 대학에 가지 못한 여성

수재들이 금융권 취업이 보장되는 이 학교에 많이 들어갔다.

시대적으론 1960년대 경제개발계획과 맞물려 은행들이 급팽창했고 상고 출신 인재가 절대적으로 필요했다. 문명순 이사는 "당시 가난했지만 공부에 뜻이 있었던 전국의 여학생들 가운데 전교 1~2등을 해야 합격할 수 있었다."고 말했다.

여성에 대한 결혼퇴직각서제가 1976년 폐지되고 여성 행원이 은행의 '책임자고시'에 응시할 수 있게 된 것도 서울여상 출신들이 성장할 수 있었던 배경이다. 당시 은행 지점마다 서울여상 동문이 3~4명씩 근무해 '지점 동문회'를 열 정도였다.

하지만 1990년대 이후 위기를 맞기도 했다. 대학 정원이 크게 늘어 상고 진학수요가 줄어든 탓이다. 그러나 시중은행 등 금융권이 금융특성화학교로 지정된 서울여상에 눈을 돌리며 각종 협약을 맺고 인재들을 채용하면서 관심이 다시 높아지고 있다.

서울여상은 지난해 12월엔 전국투자자교육협의회가 주최한 고교증권경시대회에서 성적우수학교상을 수상하기도 했다.

_김일규 기자 black0419@hankyung.com

윤유숙
우리은행 본부장

김경애
SC제일은행 이사대우

박창화
신한은행 지점장

박미경
한화증권 상무

장명희
산업은행 수석부부장

문명순
금융경제연구소 이사

김종민
교보증권 팀장

박노윤
성신여대 교수

• 금융업에서 활약 중인 서울여상 출신 인재들(2010년 12월 기준)

은행명		이름
우리은행	본부장	윤유숙
	부장	박춘자, 최정애, 성미희
	지점장	강석태, 김경희, 김현옥, 김옥순, 김용옥, 권오숙, 박경남, 민숙기, 박혜숙, 김태령, 이현숙, 오순자, 오금순, 천매실, 강옥순, 정영자
SC제일은행	이사대우	김경애
	지점장	조유진, 조은의, 원종소, 김은희, 송송미, 안옥주, 신인선, 염경옥, 남수경, 조연심

KB국민은행	금융경제연구소 이사	문명순
	지점장	심미란, 정재금, 이민숙
신한은행	지점장	박창화, 염기원, 한영옥, 김현혜, 황영숙, 신보금, 임숙영, 강미선, 박현주
하나은행	지점장	이선호, 신혜란, 이은주, 김민태, 이영주, 김광숙, 김종순, 장정옥, 한지원, 임현주
외환은행	지점장	김명숙, 윤옥순, 김명옥, 박연파, 최동숙, 김경숙, 백윤주, 이인순, 박희정, 박은주, 강은주, 송은주, 박경아
씨티은행	지점장	백종완, 이종숙
기업은행	지점장	권금자
산업은행	수석부부장	장명희
한화증권	상무	박미경
교보증권	팀장	김종민
금감원	팀장	김태임, 이화선

「한국경제신문」, 2011년 6월 21일자 기사

금감원 개혁 선봉에 선 서울여상 출신 2人
금감원 첫 여성팀장은 고교 선후배

김태임 팀장, 여신 분야 검사 베테랑…업계 긴장
이화선 팀장, 업무 시작하면 새벽 3시까지 끝장

금융감독원 저축은행검사2국의 김태임 검사4팀장(49)과 기업공시국의 이화선 특별심사팀장(47)은 서울여상 선후배다. 두 사람은 지난달 16일 인사에서 금감원 내

김태임
팀장

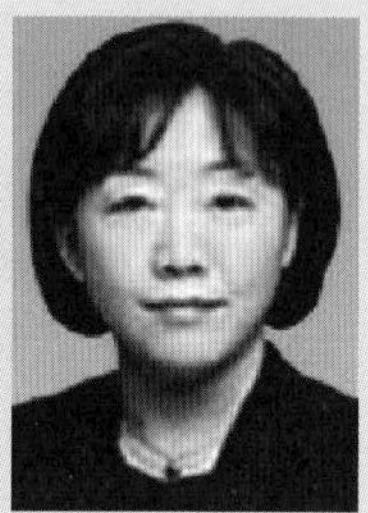

이화선
팀장

부 출신으로는 처음으로 여성 팀장 자리에 나란히 올랐다. 저축은행 부실 검사와 일부 직원들의 비리로 비판을 받았던 저축은행 검사국과 기업공시국에 각각 배치됐다.

김 팀장과 이 팀장은 1980년과 1983년 서울여상을 졸업했다. 두 사람 모두 졸업 후 곧바로 한국은행에 입행했다. 당시만 해도 서울여상에서 성적이 5등 안에 들어야 한은에 들어갈 수 있었던 시절이었다. 이들은 1999년 금감원으로 함께 옮겨왔다.

김 팀장은 대형·계열 저축은행을 제외한 80개 저축은행 검사를 담당하는 저축은행 검사2국에서 충청·호남·강원지역 업체들을 담당하고 있다. 한 동료는 "2003년과 2006년에도 검사 업무를 맡았던 베테랑"이라며 "여신분야에 대한 검사 역량이 뛰어나 업계가 긴장하고 있다"고 말했다. 김 팀장은 후배들의 잘못은 가차 없이 지적하면서도 잘 다독이고 가르치는 '큰 누이' 같은 스타일로도 알려져 있다.

이 팀장은 감독원 내에서 '독종'으로 불린다. 한은에서 근무하던 시절 성균관대 경영학과를 졸업한 뒤 자비로 유학길에 올라 아메리칸글로벌대학에서 회계학 석사 학위를 땄다. 금감원의 한 임원은 "함께 일할 때 새벽 2~3시까지 일과 씨름하는 모습을 본 게 한두 번이 아니다"며 "일을 시키면 반드시 다음날 성과를 가져왔다"고 말했다.

이 팀장은 은행권역에서 주로 근무했다. 이번에 기업공시국으로 옮겨 특별심사 업무를 맡게 됐다. 증권 분야의 합병신고서 등 난이도가 있고 전문적으로 들여다봐야 하는 일이 많은 곳이다. 특히 고위험 기업군에 대해서는 특별심사팀이 일선 조사팀과 공동으로 심사를 벌이기도 해야 한다. 이 팀장이 회계감독국, 조사국, 은행검사국 등을 두루 거쳐 기업공시국에서도 충분히 역할을 수행할 것으로 금감원은 기대하고 있다.

금감원 관계자는 "일과 조직에 대한 열정과 전문성 그리고 청렴성에서 탁월한 평가를 받아 두 사람은 원장이 직접 인선한 것으로 안다"며 "남자 팀장 두 명의 역할을 하고도 남을 성실하고 능력 있는 사람들"이라고 말했다.

_류시훈 기자 bada@hankyung.com

4년 먼저

펴낸날　**초판 1쇄 2011년 9월 30일**

지은이　**이윤우**
펴낸이　**심만수**
펴낸곳　**(주)살림출판사**
출판등록　1989년 11월 1일 제9-210호

경기도 파주시 문발동 522-1
전화　**031)955-1350**　　팩스　**031)955-1355**
기획 · 편집　**031)955-1386**
http://www.sallimbooks.com
book@sallimbooks.com

ISBN　978-89-522-1638-0　13370

※ 값은 뒤표지에 있습니다.
※ 잘못 만들어진 책은 구입하신 서점에서 바꾸어 드립니다.

책임편집　**이남경**